Linda Urbanneck

WEIHNACHTS KUGELN häkeln

EMF

EIN BUCH DER
EDITION MICHAEL FISCHER

INHALT

GRUNDLAGEN

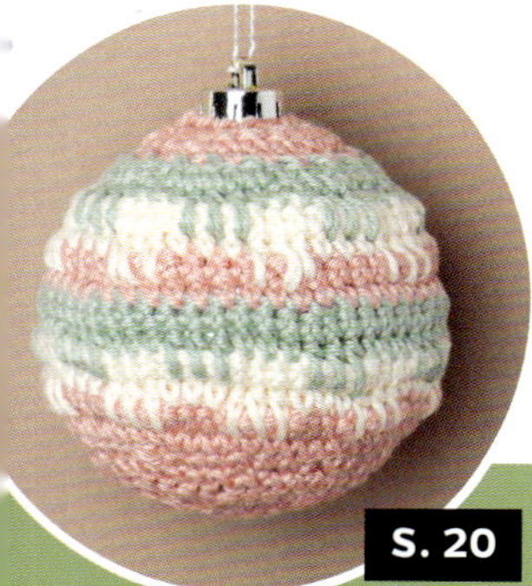

S. 20

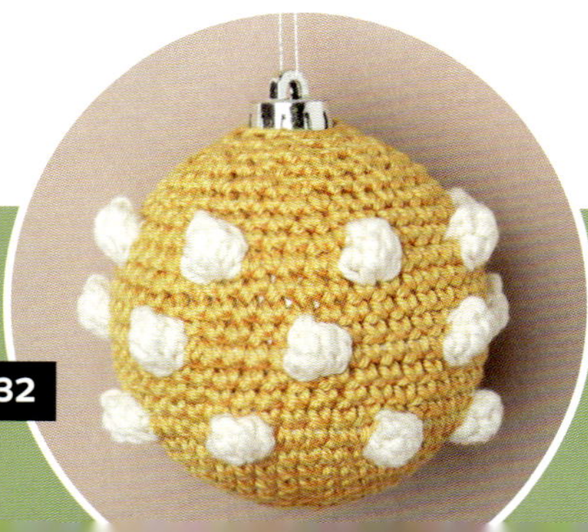

S. 32

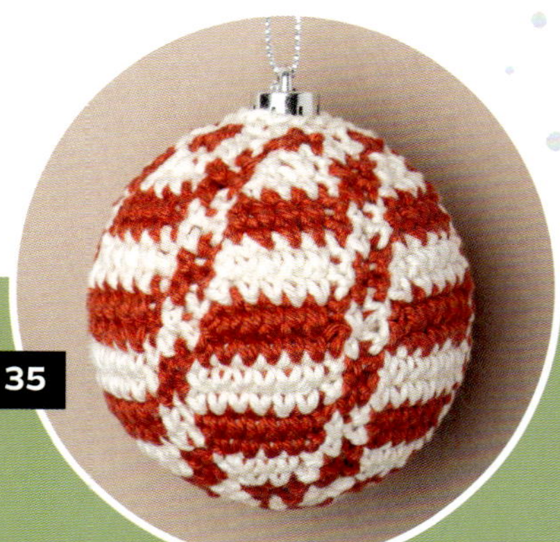

S. 35

KUGELN IN REIHEN

GRANNY-SQUARE-KUGELN

KUGELN IN RUNDEN

FIGÜRLICHE KUGELN

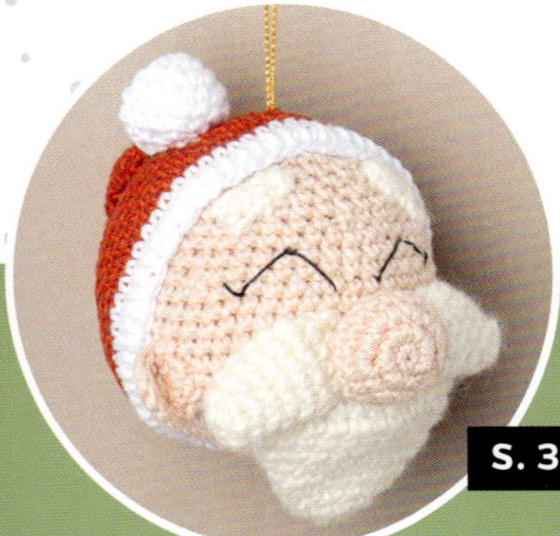

S. 38

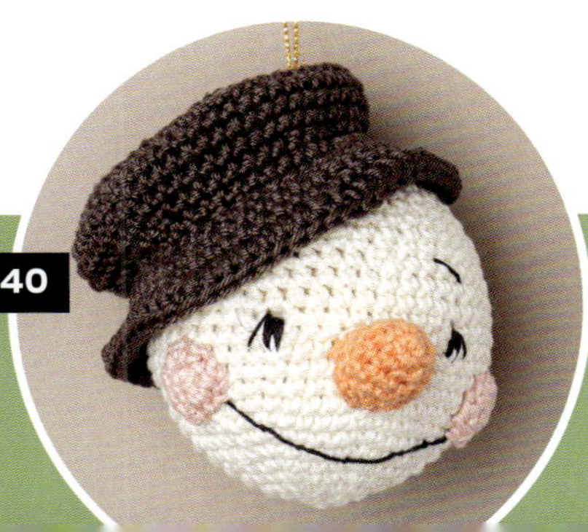

S. 40

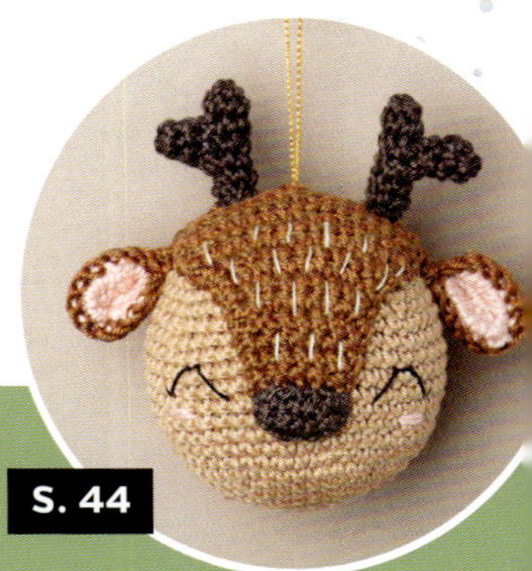

S. 44

VORWORT

Wir alle genießen die vorweihnachtliche Zeit besonders. Die Welt um uns beginnt sich zaghaft zu verändern. Es kehren andere Düfte ein, es wird kühler und stetig früher dunkel. Die gemütliche Zeit des Jahres beginnt, auch wenn nicht jeder unter uns den kühleren Tagen etwas abgewinnen kann. Doch eins haben alle Häkler*innen sicherlich gemeinsam. Wenn die gemütliche Zeit des Jahres näher rückt, beginnt jene Zeit, in der wir uns unseren liebsten Handarbeiten widmen können. So ist auch dieses Buch ganz besonders dafür da, euch auf die schönste Zeit des Jahres einzustimmen. Abwechslungsreich könnt ihr bereits jetzt damit beginnen, euch die schönsten Kugeln selbst zu häkeln! Im Buch findest du bei jeder Kugel zwei verschiedene Farbvarianten, hier kannst du deiner Kreatvität freien Lauf lassen. Sicherlich wird euer Baum am Weihnachtsabend und in der Adventszeit so in einem ganz besonderen Glanz erstrahlen.
Ob Granny-Kugel, liebevolle Muster, Rentier oder Weihnachtsmann, hier ist für jeden Geschmack etwas dabei.
Ich wünsche dir jede Menge Freude und gemütliche Momente beim Nacharbeiten und Entdecken der Projekte.

Deine Linda

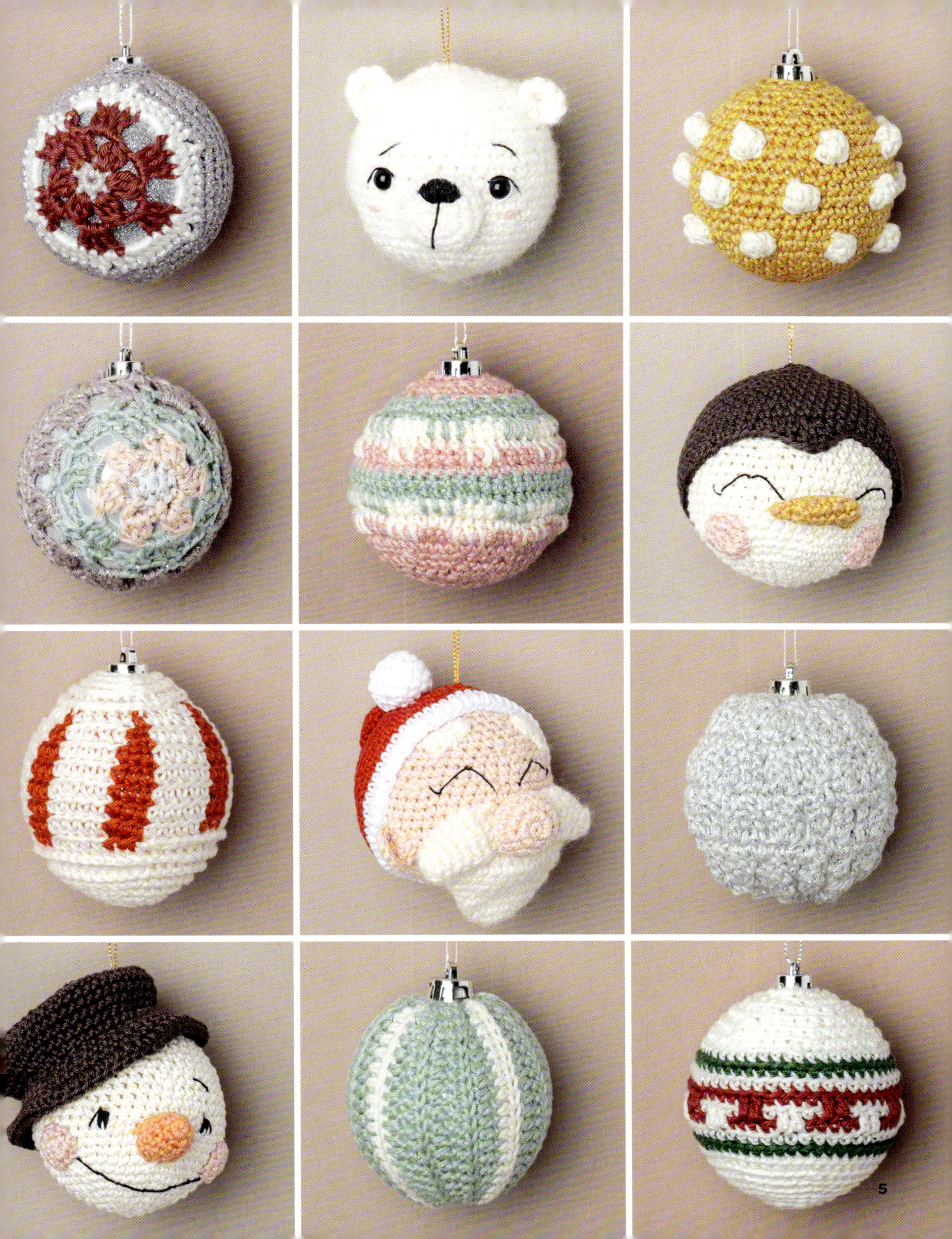

GRUNDLAGEN

LUFTMASCHEN ANSCHLAGEN

1. Lege den Faden zu einer Schlinge und fixiere ihn mithilfe deines Daumens und Zeigefingers. Der Arbeitsfaden befindet sich unten hinten.

2. Stich nun mit der Nadel durch die Schlaufe und hole den Faden durch die Öffnung.

3. Ziehe die so entstandene Schlaufe leicht fest, indem du an beiden Fäden, dem Fadenende und dem Arbeitsfaden, ziehst. So entsteht die Anfangsschlinge, in die du nun weitere Luftmaschen häkeln kannst.

4. Um weitere Luftmaschen anzuschlagen, die Anfangsschlinge gut festhalten, den Faden holen und wieder durch die Schlinge ziehen. So oft wie nötig wiederholen.

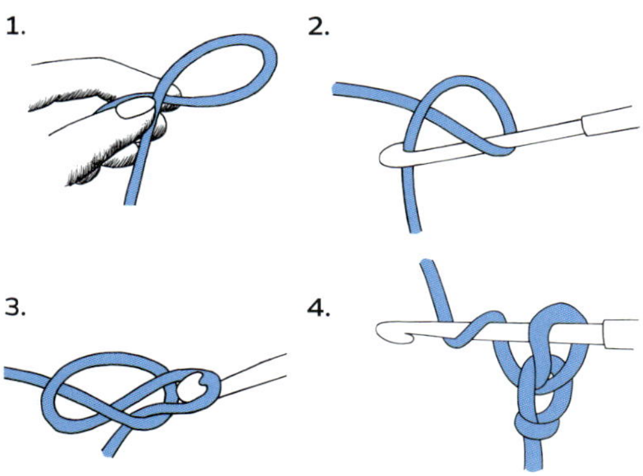

FADENRING

1. Bilde mit dem Garn eine Schlaufe, wobei das Ende des Fadens nach unten zeigt. Lege den Rest des Garns nach hinten über den Zeigefinger und fixiere das Garn zwischen Ring- und Mittelfinger.

2. Halte die Schlaufe mit dem Daumen und dem Zeigefinger fest, führe die Nadel durch die Schlaufe, hole den Faden und ziehe diesen durch die Schlaufe.

3. Hole den Arbeitsfaden erneut und ziehe ihn durch die Schlinge. So wird der Ring fixiert.

4. Ab jetzt können die Maschen wie gewohnt gehäkelt werden. Stich dabei immer um den Ring herum, nicht in die Schlaufen des Ringes hinein. Sind alle Maschen gehäkelt, kann der Ring durch Ziehen am Fadenende zusammengezogen werden.

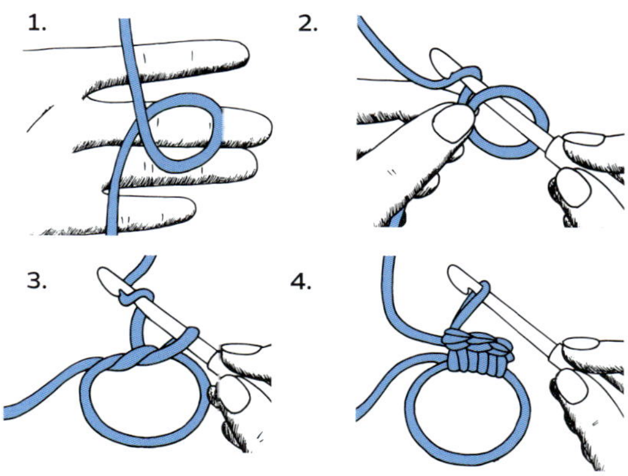

WENDELUFTMASCHE

Am Ende einer Reihe häkelst du eine Luftmasche, die sogenannte Wendeluftmasche, und wendest die Arbeit.

MASCHENGLIEDER

Bei manchen Anleitungen wird angegeben, dass man nur in ein Maschenglied häkeln soll. Diese Illustration verdeutlicht, wo sich das vordere bzw. das hintere Maschenglied befindet.

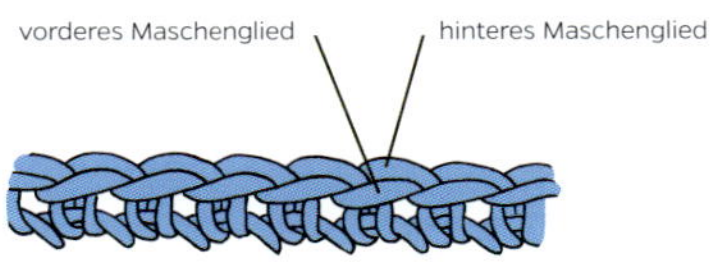

KETTMASCHE

Kettmaschen sind sehr vielfältig. Sie werden nicht nur verwendet, um Kanten zu verzieren, mit ihnen schließt man auch Runden.

1. Um eine Kante zu verzieren, schlinge den Faden an einer Kante des Häkelstücks an. Stich unterhalb der Wendeluftmasche in die folgende Reihe ein, hole den Faden zur Schlinge und ziehe ihn durch die Schlaufe.

2. So sieht eine mit Kettmaschen verzierte Abschlusskante aus.

1.

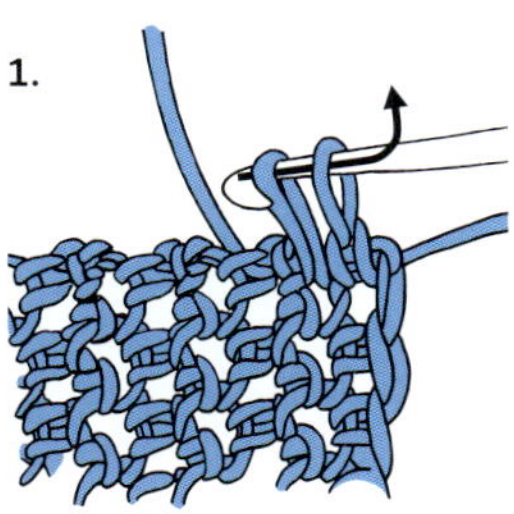

2.

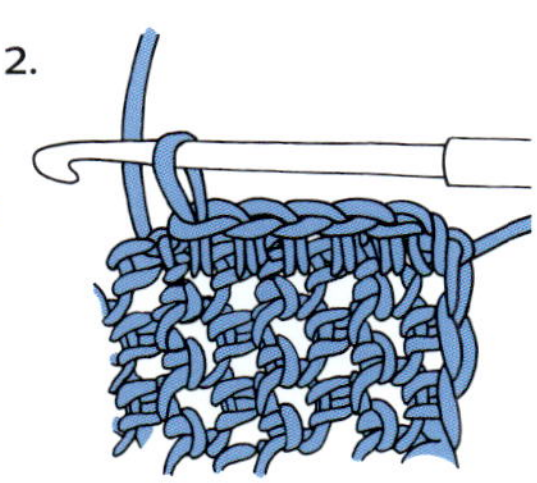

FESTE MASCHE

1. Stich mit der Nadel durch die folgende Masche und hole den Arbeitsfaden. Es befinden sich nun zwei Schlingen auf der Nadel.

2. Hole den Arbeitsfaden erneut und ziehe ihn durch beide Schlingen auf der Nadel. Nun ist die erste feste Masche entstanden.

3. In die nächste Einstichstelle stechen und den Vorgang wiederholen.

1.

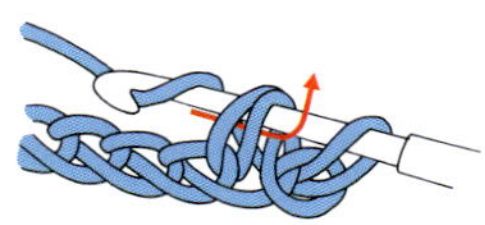

2.

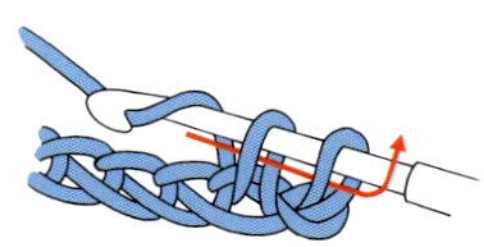

3.

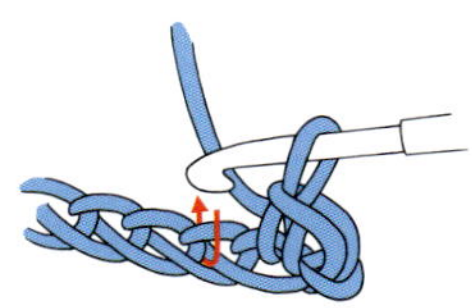

HALBES STÄBCHEN

1. Lege den Arbeitsfaden einmal um die Nadel (Umschlag). Stich dann in die übernächste Masche (also die dritte ab der Nadel) ein ...

2. ... und hole den Arbeitsfaden. Es befinden sich dann drei Schlingen auf der Nadel.

3. Hole den Arbeitsfaden erneut und ziehe ihn durch alle drei auf der Nadel befindlichen Schlingen.

4. So sieht das fertige halbe Stäbchen aus.

1.

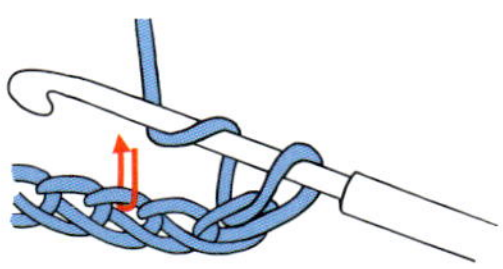

2.

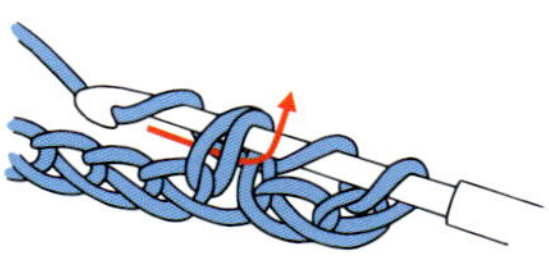

3.

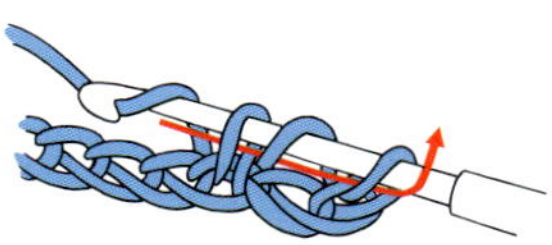

4.

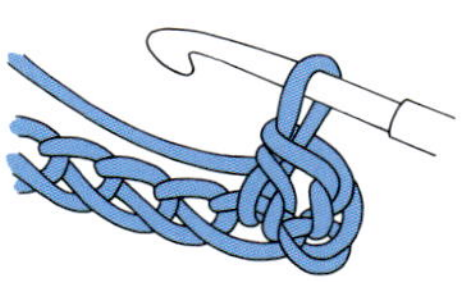

STÄBCHEN

1. Lege den Arbteitsfaden einmal um die Nadel (Umschlag). Stich dann in die folgende vierte Luftmasche ab der Nadel ein ...

2. ... und hole den Arbeitsfaden. Es befinden sich nun drei Schlingen auf der Nadel. Hole den Faden erneut.

3. Ziehe ihn durch d e ersten beiden Schlingen auf der Nadel. Es liegen nun noch zwei Schlingen auf der Nadel.

4. Den Arbeitsfaden wieder holen und durch die letzten beiden Schlingen ziehen. Nun ist das erste Stäbchen entstanden.

1.

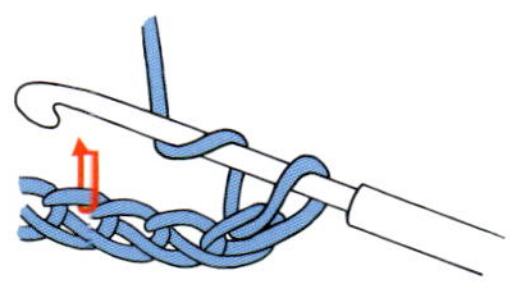

2.

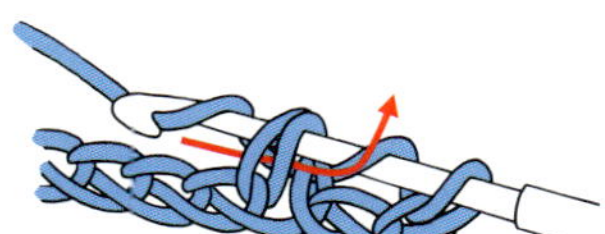

3.

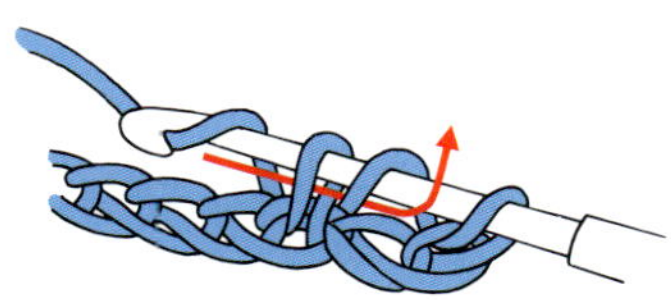

4.

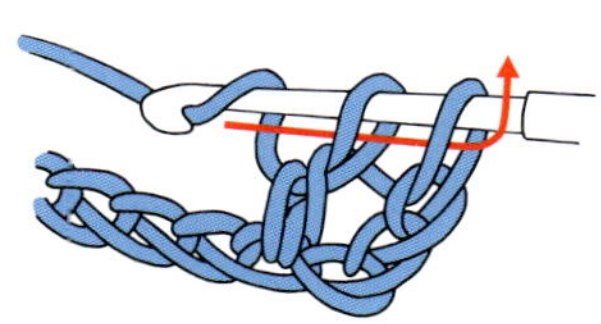

RELIEFMASCHEN

Hier wird ein Reliefstäbchen von hinten gezeigt. Arbeite die Umschläge wie gewohnt und stich dann statt in beide Maschenglieder von hinten nach vorne um den Maschenkörper der Vorreihe herum. Hole den Faden und masche das Stäbchen wie gewohnt ab.

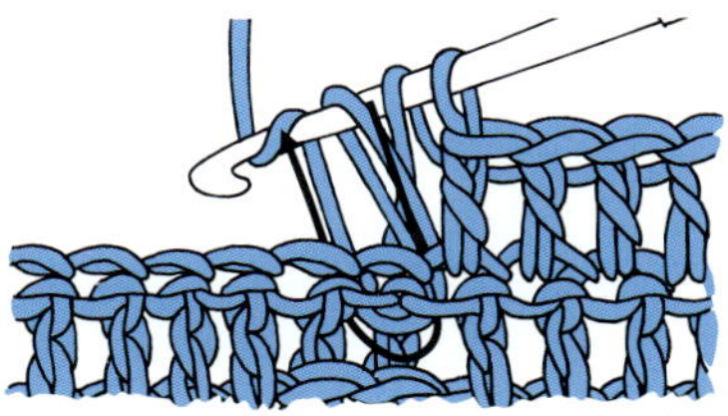

Hier wird ein Reliefstäbchen von vorne gezeigt. Arbeite die Umschläge wie gewohnt und stich dann statt in beide Maschenglieder von vorne nach hinten um den Maschenkörper der Vorreihe herum. Hole den Faden und masche das Stäbchen wie gewohnt ab.

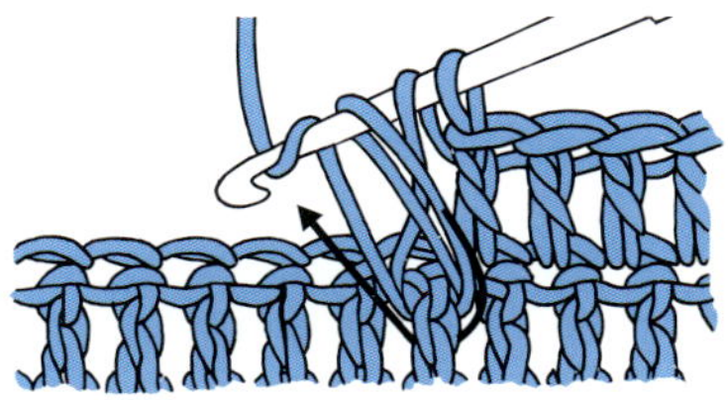

NOPPE

1. Häkle 1 Stäbchen bis vor das Abmaschen: 1 Umschlag, in die nächste Masche der Vorreihe/Vorrunde einstechen, den Faden holen, den Faden erneut holen und durch die ersten beiden Schlingen auf der Nadel ziehen. Nun liegen noch 2 Schlingen auf der Nadel.

2. In dieselbe Masche der Vorreihe/Vorrunde noch so viele weitere Stäbchen bis vors Abmaschen häkeln, wie in der Anleitung angegeben.

3. Dann holst du den Faden erneut und ziehst ihn durch alle Schlingen auf der Nadel (alle Stäbchen), gemeinsam abmaschen.

1.

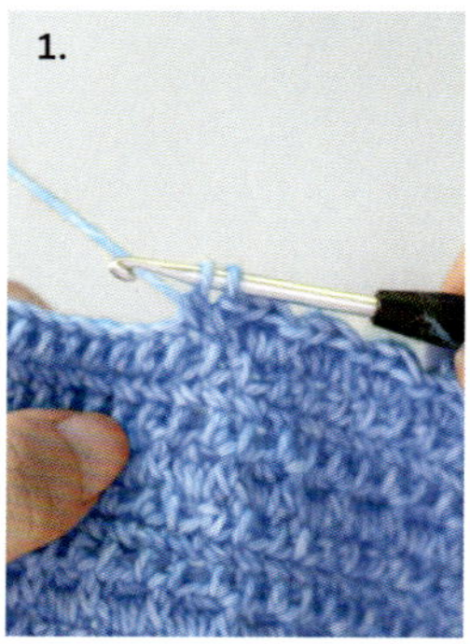

2.

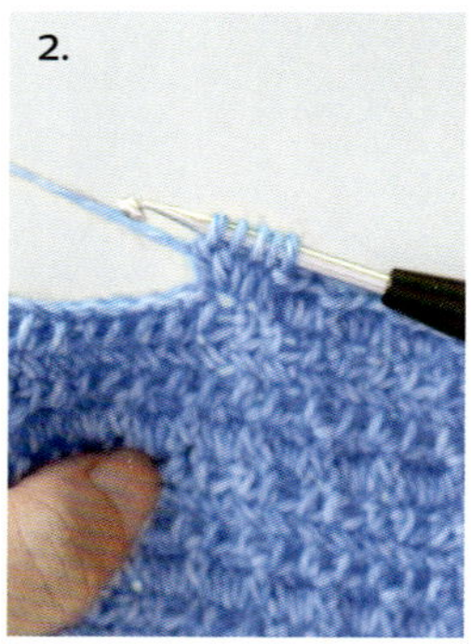

3.

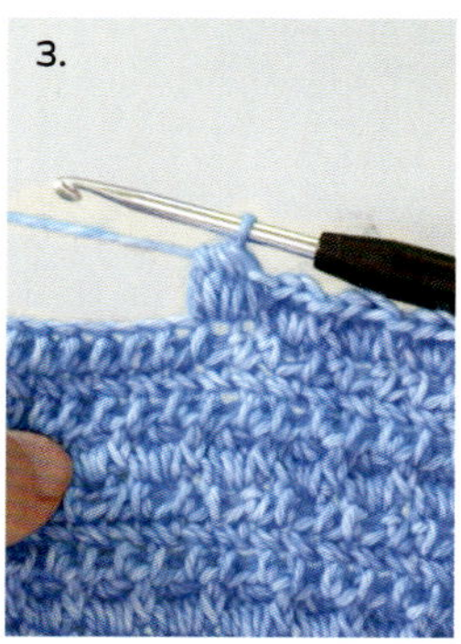

BÜSCHELMASCHE

Es gibt zwei Arten von Büschelmaschen. Bei der ersten werden 3 Stäbchen in eine Einstichstelle gehäkelt und oben zusammen abgemascht (auch Noppe genannt).

1. Bei dieser illustrierten Variante werden drei Stäbchen wie gewohnt nacheinander in eigene Einstichstellen gehäkelt, jedoch noch nicht abgemascht.

2. Der Faden wird dann erneut geholt und durch alle vier Schlingen gezogen, sodass ein Büschel entsteht. Alle drei Stäbchen wurden also zusammen abgemascht. Eine Büschelmasche ist auch mit mehr Maschen möglich.

1.

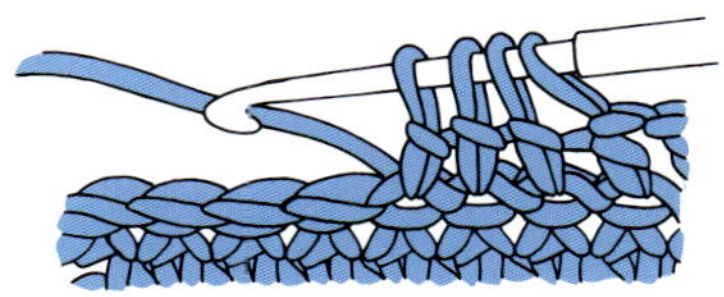

2.

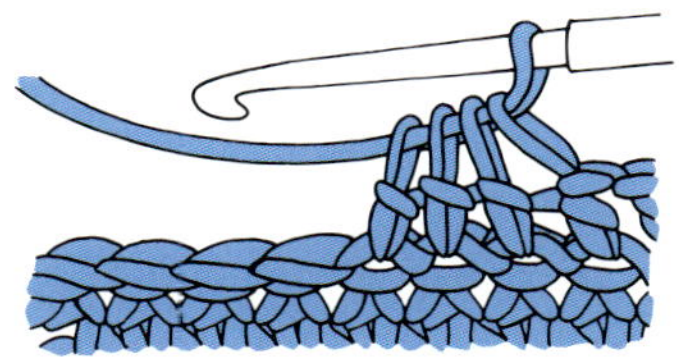

POPCORNMASCHE

1. Es werden mehrere Stb in eine Masche gehäkelt.

2. Danach wird die Schlaufe etwas länger gezogen und die Nadel herausgezogen.

3. Nun sticht man mit der Häkelnadel in das erste Stb wieder ein und zieht die Schlaufe durch. Dadurch entsteht eine schöne große Popcornmasche.

TIEFER GESTOCHENE MASCHEN

Der Luftmaschenanschlag muss durch 4 teilbar sein, plus 1. Für das Muster z. B. 29 Luftmaschen (28 + 1) anschlagen.

1.–6. Reihe: 1 Luftmasche (= 1. feste Masche), feste Maschen häkeln. Bei der letzten Masche der 6. Reihe die Farbe wechseln (siehe Grundanleitung S. 13).

7. Reihe: In der neuen Farbe 1 Luftmasche (= 1. feste Masche), * 1 feste Masche in die 5. Reihe einstechen, 1 feste Masche in die 4. Reihe einstechen, 1 feste Masche in die 3. Reihe einstechen, 1 feste Masche „normal" einstechen *, von * bis * wiederholen. Bei der letzten Masche der 7. Reihe zur 1. Farbe zurückwechseln.

8. Reihe–Ende: Die 1.–7. Reihe stets wiederholen.

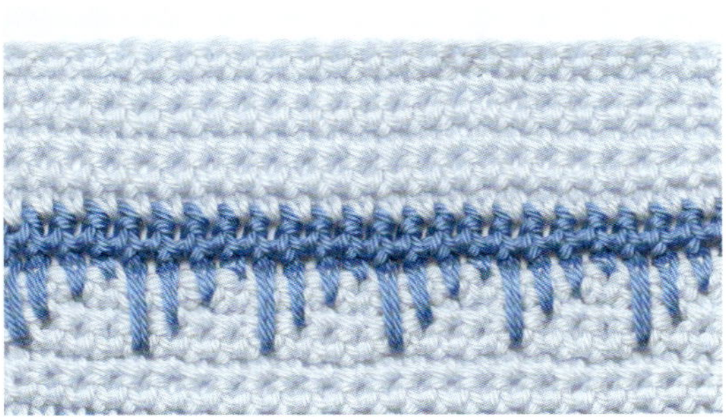

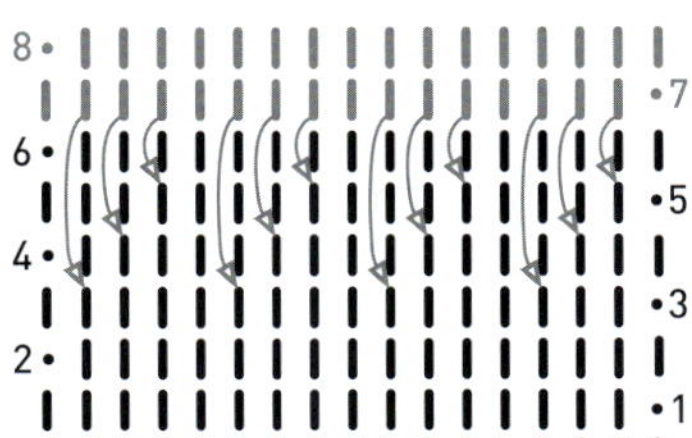

SPIRALRUNDEN

Wird in Spiralrunden gehäkelt, so wird am Ende der Runde keine Kettmasche und am Anfang der Runde keine Luftmasche gehäkelt. Die Runde läuft also einfach schneckenförmig weiter. Du kannst dir den Anfang der Runde mit einem Faden, einem Maschenmarkierer oder einer Sicherheitsnadel markieren. Das erleichtert das Zählen der Maschen.

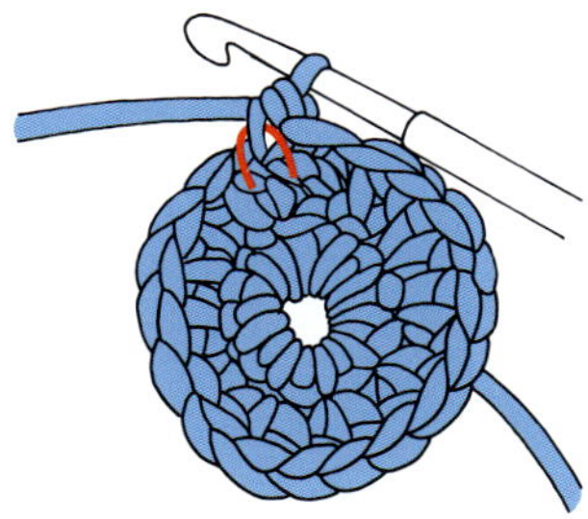

HÄKELN IN REIHEN

Beim Häkeln in Reihen ist es wichtig, dass du genau zählst, wie viele Maschen deine Reihe hat. Am Ende einer Reihe häkelst du noch eine gewisse Anzahl an Luftmaschen. Bei festen Maschen ist das eine Wendeluftmasche; bei halben Stäbchen sind es zwei Luftmaschen und bei ganzen Stäbchen drei Luftmaschen, um auf die richtige Höhe für die nächste Reihe zu kommen. Dann wendest du das Häkelstück.

MASCHEN ZUNEHMEN/ VERDOPPELN

Um Maschen jeglicher Art zu verdoppeln, wird einfach in eine Einstichstelle zweimal eingestochen. Die Masche dann wie gewohnt häkeln.

RUNDE UNSICHTBAR SCHLIESSEN

Ist die letzte Runde gehäkelt, den Faden lang abschneiden, durch die letzte Schlinge ziehen und mit einer Vernähnadel und dem Restfaden in die vorderen Maschenglieder der letzten Runde weben. Den Faden fest anziehen und so die Öffnung schließen. Das Fadenende vernähen.

UNSICHTBARE ABNAHME

Diese Abnahmetechnik empfiehlt sich beim Arbeiten in Runden. Mit der Nadel nur in das vordere Maschenglied der folgenden Masche einstechen. Anschließend direkt in das nächste vordere Maschenglied einstechen. Du hast nun 3 Schlingen auf der Nadel. Den Faden holen und durch die ersten beiden Schlingen auf der Nadel ziehen. Abschließend den Faden erneut holen und durch die letzten 2 Schlingen ziehen.

MASCHEN ZUSAMMEN ABMASCHEN

Um Maschen abzunehmen, werden diese zusammen abgemascht. Bei festen Maschen wie folgt vorgehen: Die Nadel wie beim Häkeln einer festen Masche durch die folgende Masche ziehen und den Faden holen, diese feste Masche jedoch nicht beenden. Nun in die folgende Masche einstechen und erneut den Faden holen. Es liegen drei Schlingen auf der Nadel. Den Faden erneut holen und durch alle drei Schlingen ziehen. Die Maschenzahl hat sich somit um eine feste Masche verringert.

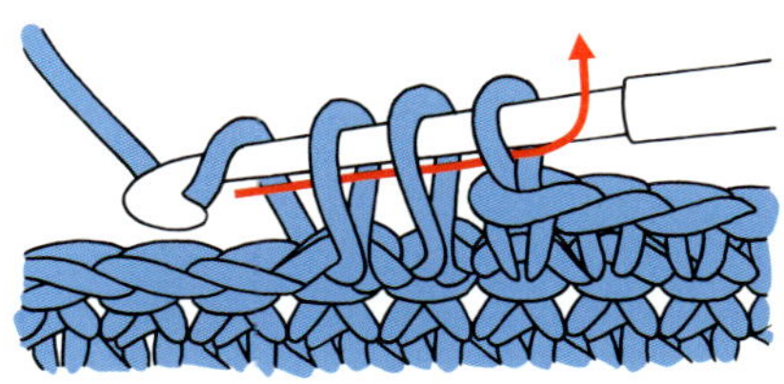

FARBWECHSEL

1. Häkele deine Reihe bis zum Ende, masche deine letzte Masche jedoch nicht mit der alten Farbe, sondern mit der neuen Farbe ab. Dazu schlingst du die neue Farbe an …

2. … und ziehst den Faden durch die letzten beiden Schlingen der letzten Masche.

3. Mit dieser neuen Farbe kann nun die erste Steigeluftmasche für die nächste Reihe gehäkelt werden.

1.

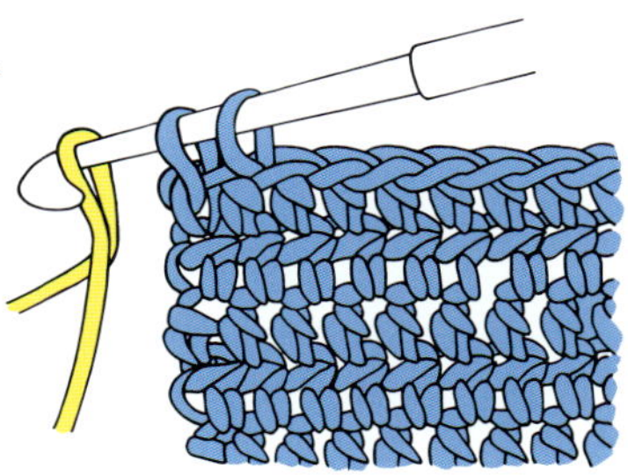

2.

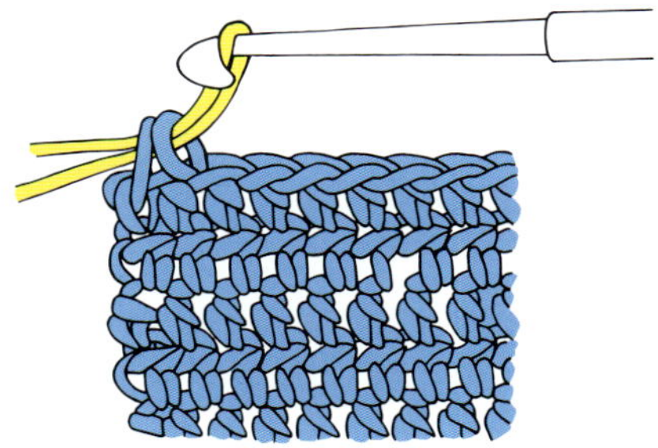

3.

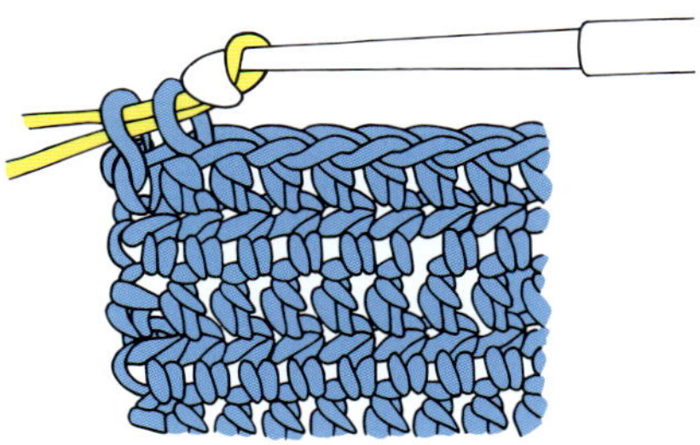

KNÖTCHENSTICH

1. Den Faden mehrmals um die Nadel wickeln.

2. Dann in die Einstichstelle einstechen und den Faden fixieren.

3. So sieht der fertige Knötchenstich aus.

1.

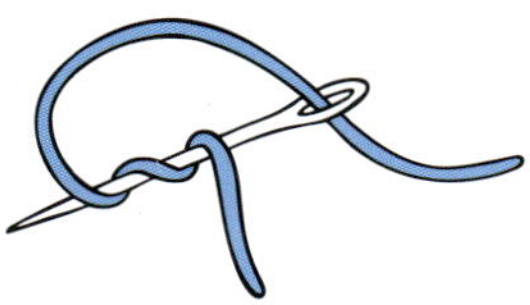

2.

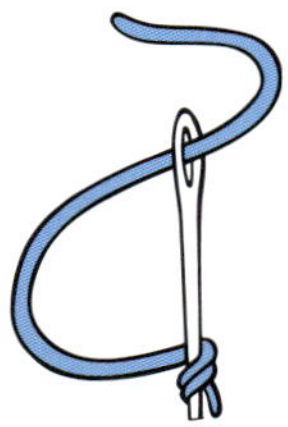

3.

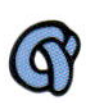

SPANNSTICH

Von unten nach oben einstechen und in der gewünschten Stichlänge wieder ausstechen. Den Stich in einigem Abstand wiederholen. Darauf achten, dass die Stiche nicht zu lang werden.

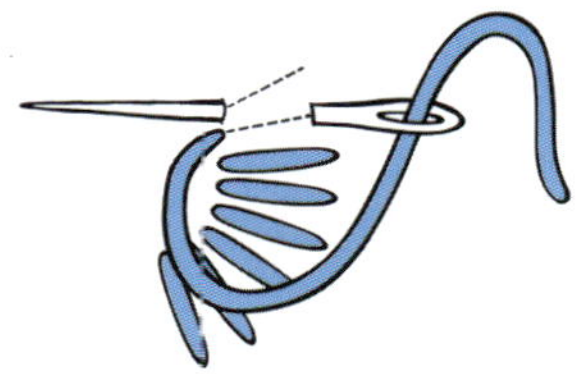

RÜCKSTICH

Von unten durch das Häkelstück ausstechen, die Nadel um die gewünschte Stichlänge in einer Entfernung nach rechts einstechen und um die doppelte Stichlänge nach links zurückstechen. Den Faden durchziehen. Für die darauffolgenden Stiche jeweils in die vorletzte Ausstichstelle zurückstechen, danach in doppelter Stichlänge die Nadel nach vorn führen und nach oben ausstechen. Den Faden durchziehen.

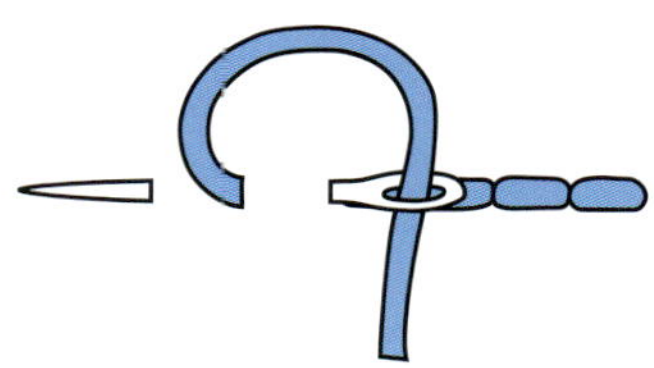

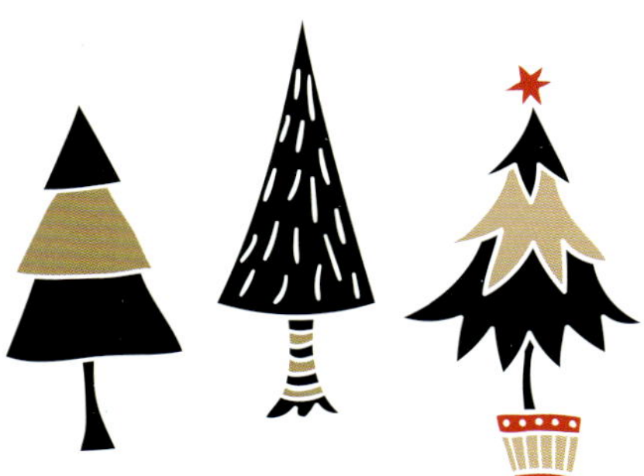

AUGEN AUFSTICKEN

1. Sticke die Augen mit schwarzem Filetgarn 1 Rd direkt über der Nase, über 5 fM breit und mit 3 fM Abstand dazwischen auf.

2. Ziehe den Faden mit einer Schlaufe 2 Rd nach oben.

3. Den Wimpernabschluss über 1 fM breit direkt neben den Augen aufsticken.

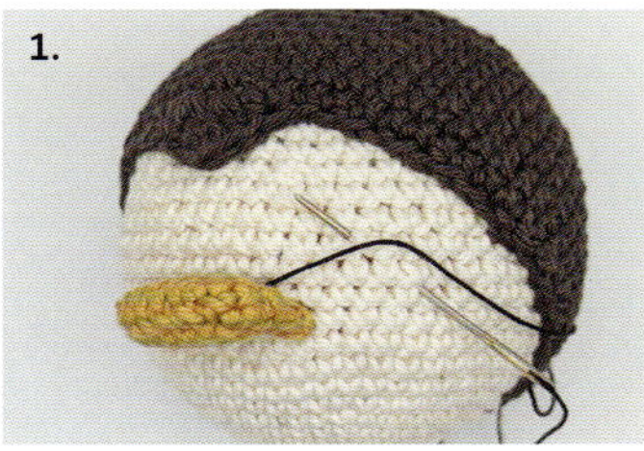

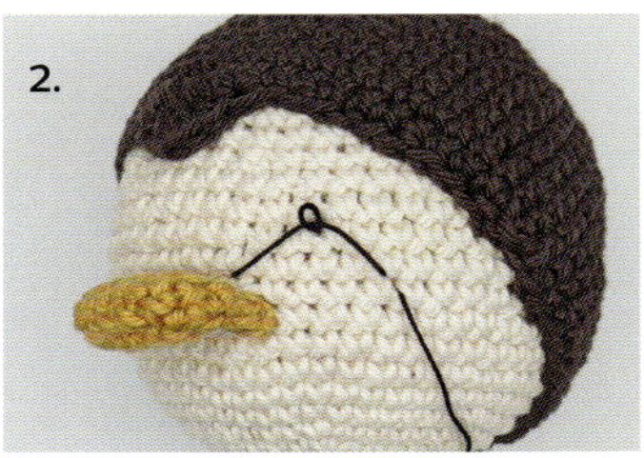

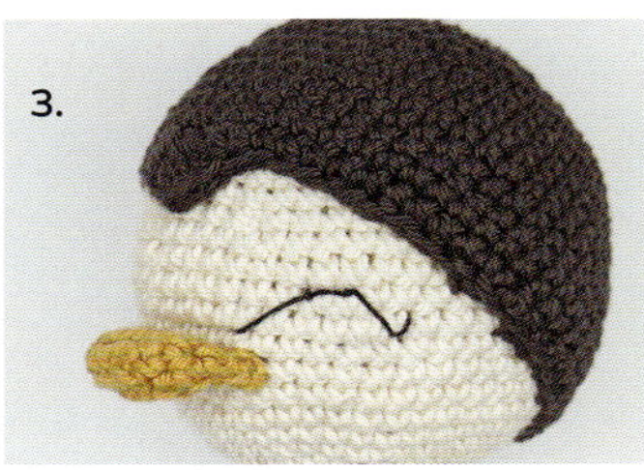

SCHWIERIGKEITSGRADE

★☆☆ einfach

★★☆ mittel

★★★ schwierig

ABKÜRZUNGEN

abn = abnehmen
anschl = anschlagen
FR = Fadenring
Fb = Farbwechsel
fM = feste Masche(n)
HN = Häkelnadel
hStb = halbe Stäbchen
ihM = ins hintere Maschenglied
ivM = ins vordere Maschenglied
Km = Kettmasche(n)
Lm = Luftmasche(n)
M = Masche(n)
N = Noppe(n)
Pc = Popcornmasche
R = Reihe(n)
Rd = Runde(n)
Stb = Stäbchen
wdh = wiederholen
Wlm = Wendeluftmasche
y 5x = den Vorgang y 5-mal wiederholen
zun = Zunahme(n), zunehmen

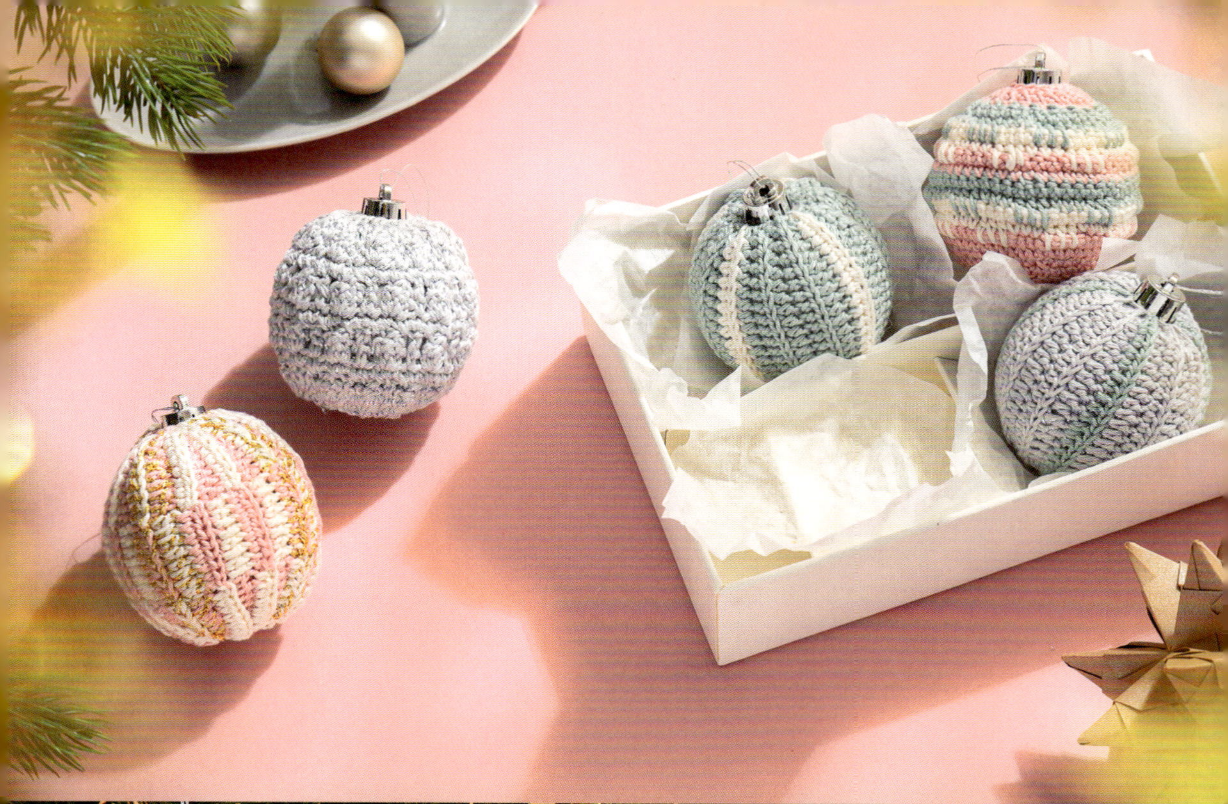

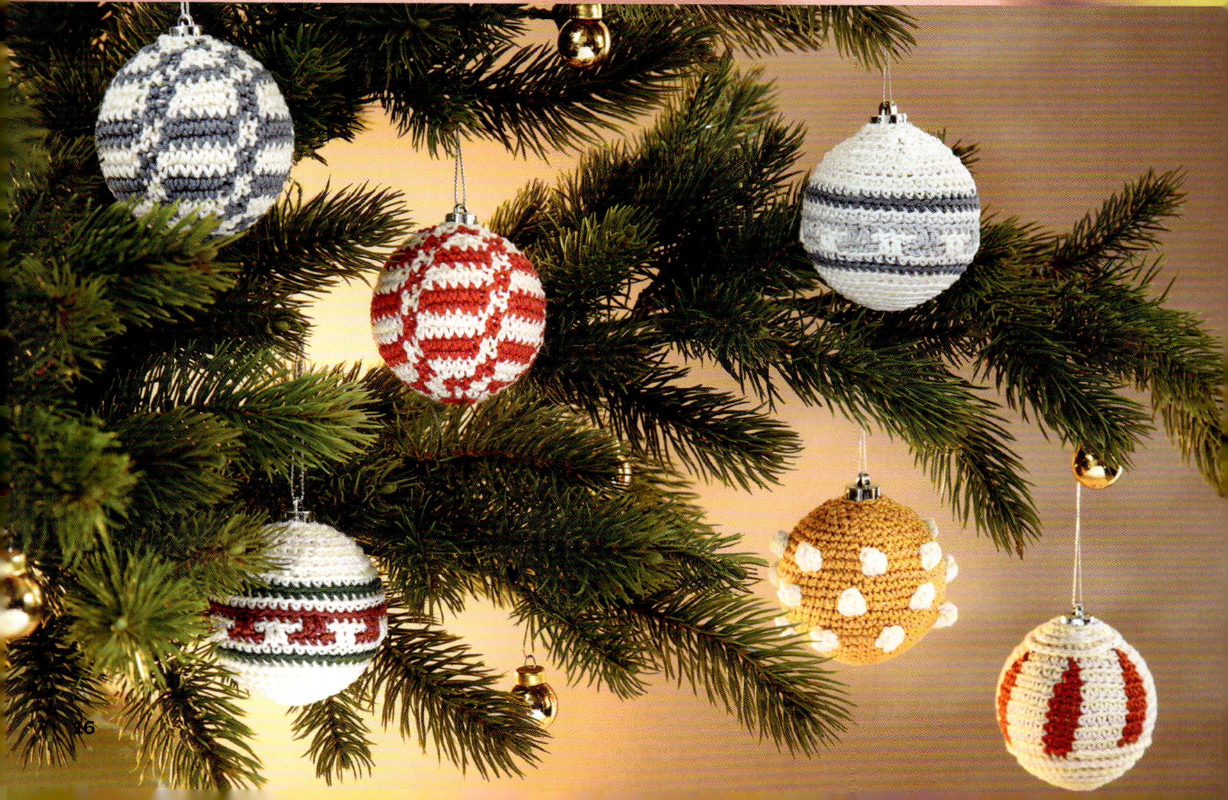

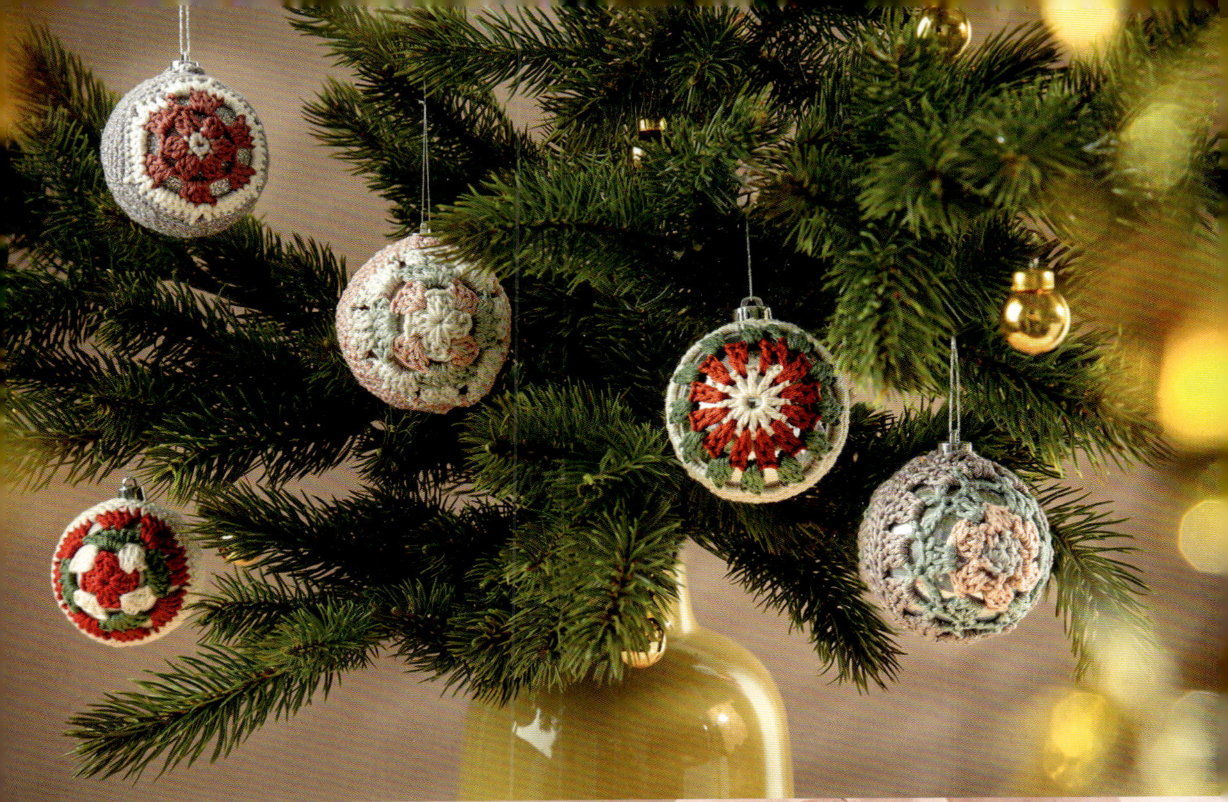

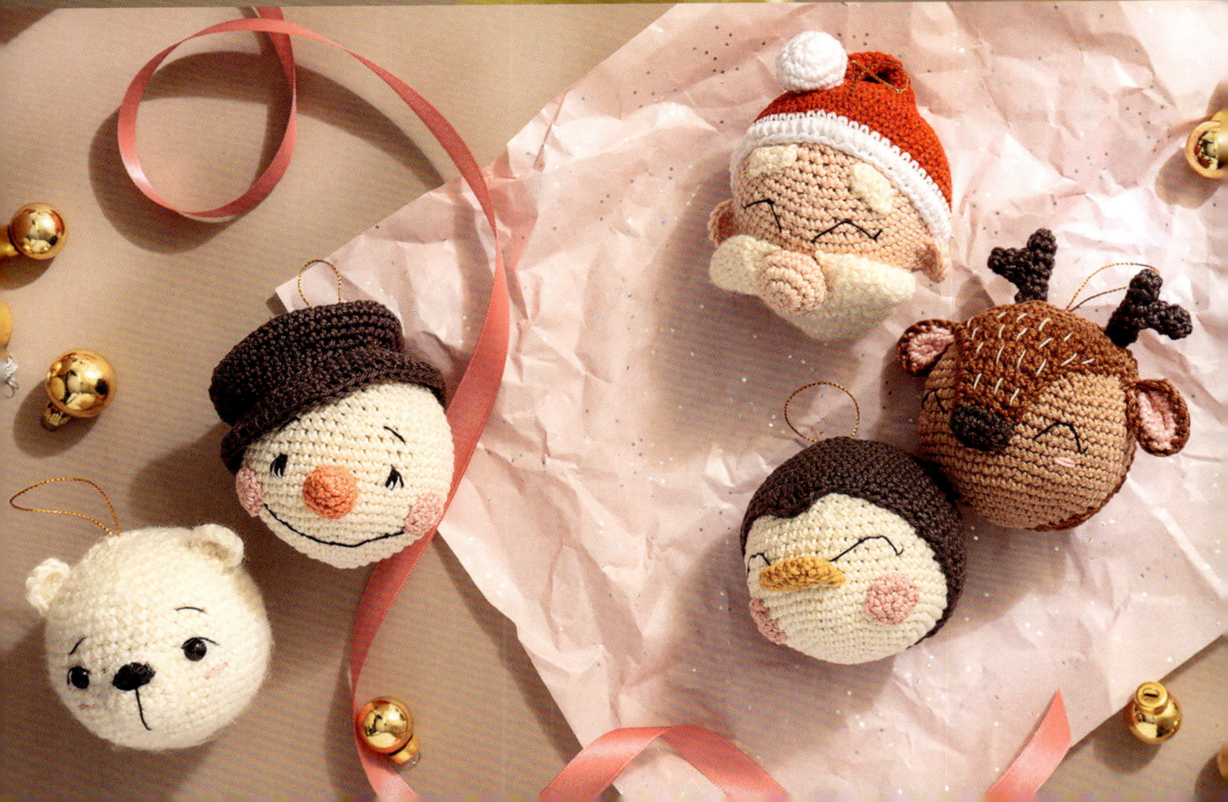

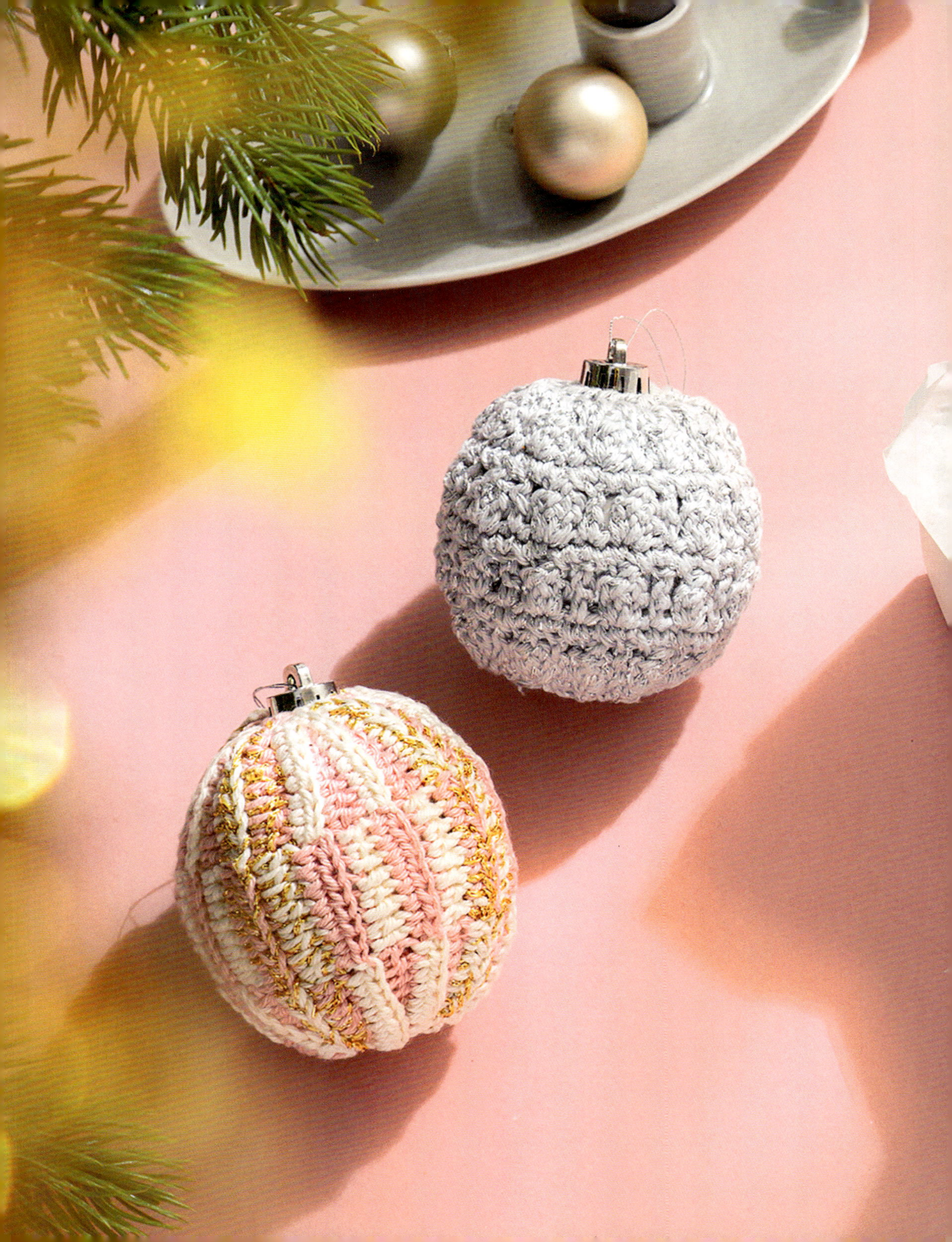

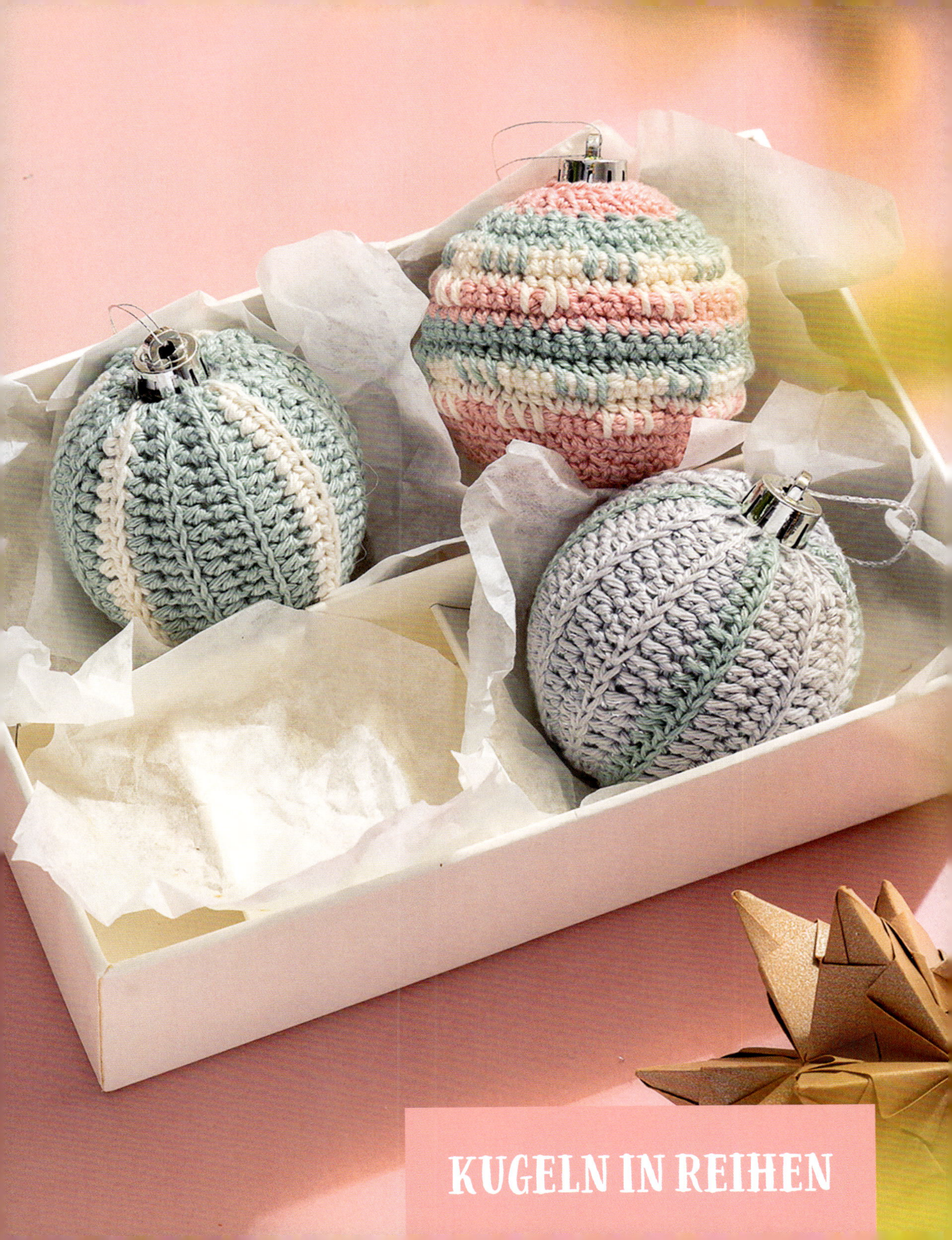

KUGELN IN REIHEN

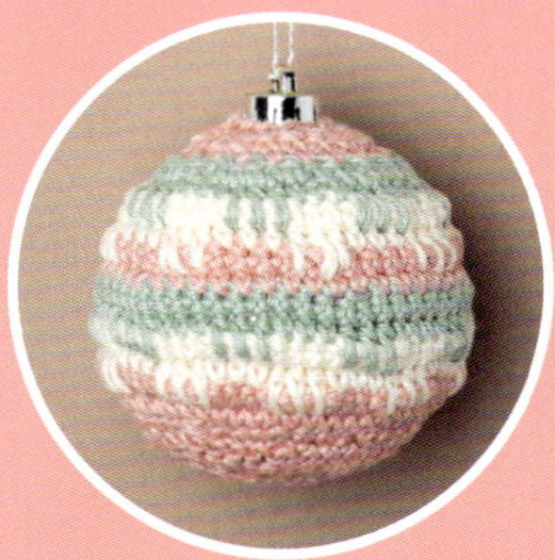

TIEF-GESTOCHENE KUGEL

★★☆

Material

- Schachenmayr Catania (100 % Baumwolle, LL 125 m/50 g) in Sand (Fb 404), 5 g Tannenbaum (Fb 419), 5 g Bordeaux (Fb 425), 10 g

ODER:

- Schachenmayr Catania (100 % Baumwolle, LL 125 m/50 g) in Creme (Fb 130), 5 g Reseda (Fb 402), 5 g Altrosa (Fb 408), 10 g
- Häkelnadel Ø 2,5 mm
- Stopfnadel zum Vernähen
- Weihnachtskugel Ø 6 cm

Häkle in R. Beginne in Bordeaux oder Altrosa.

TIEFGESTOCHENES MUSTER

(in Creme, Reseda, Altrosa oder Sand, Tannenbaum, Bordeaux)

Schlage 55 Lm an, stich in die 2. Lm von der Nd aus ein und häkle wie folgt weiter:

1.–2. R: 54 fM, 1 Lm und wenden (= 54 M).

Fb-Wechsel zu Sand oder Creme.

3. R: *3 fM, 3 tiefgestochene hStb*, von * bis * noch 8 x wdh, 1 Lm und wenden (= 54 M).

Tipp: Tiefgestochene M werden wie die üblichen M gehäkelt. Allerdings wird hier nicht in die nächste M der Vorrunde eingestochen, sondern eine Rd darunter.

→ Bild 1–2

4. R: 54 fM, 1 Lm und wenden.

Fb-Wechsel zu Tannenbaum oder Reseda.

5. R: *3 tiefgestochene hStb, 3 fM*, von * bis * noch 8 x wdh, 1 Lm und wenden (= 54 M).

6. R: 54 fM häkeln, 1 Lm, wenden.

Fb-Wechsel zu Bordeaux oder Altrosa.

7. R: *7 fM, 1 M abn*, von * bis * noch 5 x wdh, 1 Lm und wenden (= 48 M).

8. R: *6 fM, 1 M abn*, von * bis * noch 5 x wdh, 1 Lm und wenden (= 42 M).

Fb-Wechsel zu Sand oder Creme.

9. R: *3 fM, 3 tiefgestochene hStb*, von * bis * noch 6 x wdh, 1 Lm und wenden (= 42 M).

10. R: 42 fM häkeln, 1 Lm, wenden.

Fb-Wechsel zu Tannenbaum oder Reseda.

11. R: *3 tiefgestochene hStb, 3 fM*, von * bis * noch 6 x wdh, 1 Lm und wenden (= 42 M).

12. R: *5 fM, 1 M abn*, von * bis * noch 5 x wdh, 1 Lm und wenden (= 36 M).

Fb-Wechsel Bordeaux oder Altrosa.

13. R: 18 x 1 M abn, 1 Lm und wenden (= 18 M).

14. R: 18 fM häkeln, 1 Lm und wenden.

15. R: *1 fM, 1 M abn*, von * bis * noch 5 x wdh (= 12 M).

Den Faden lang abschneiden. Nimm den Faden anschließend in Bordeaux oder Altrosa an der Lm-Kette des Anfangs wieder auf und häkle wie folgt weiter:

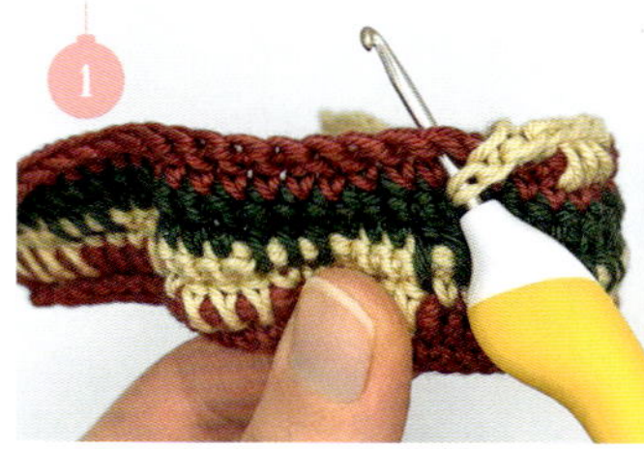

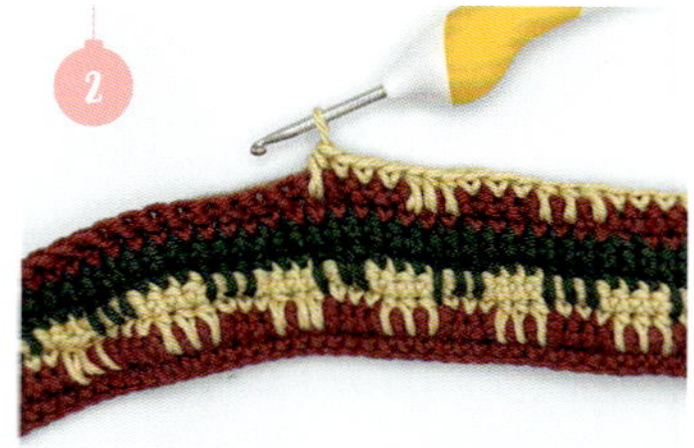

16. R: *7 fM, 1 M abn*, von * bis * noch 5 x wdh, 1 Lm und wenden (= 48 M).

17. R: *6 fM, 1 M abn*, von * bis * noch 5 x wdh, 1 Lm und wenden (= 42 M).

18. R: *5 fM, 1 M abn*, von * bis * noch 5 x wdh, 1 Lm und wenden (= 36 M).

19. R: 18 x 1 M abn, 1 Lm und wenden (= 18 M).

20. R: *1 fM, 1 M abn*, von * bis * noch 6 x wdh, 1 Lm und wenden (= 12 M).

Den Faden lang abschneiden. Die Arbeit über die Kugel stülpen (R 20 liegt unten). Die kurzen Seiten des Häkelstücks Stich für Stich zusammennähen, um es an der Kugel zu schließen. Hierzu kannst du die jeweilige Farbe der einzelnen R oder alternativ ein transparentes Nähgarn nutzen. Dann die Fäden durch die vorderen M-Glieder der jeweils letzten Rd (oben und unten) fädeln, festziehen und vernähen.

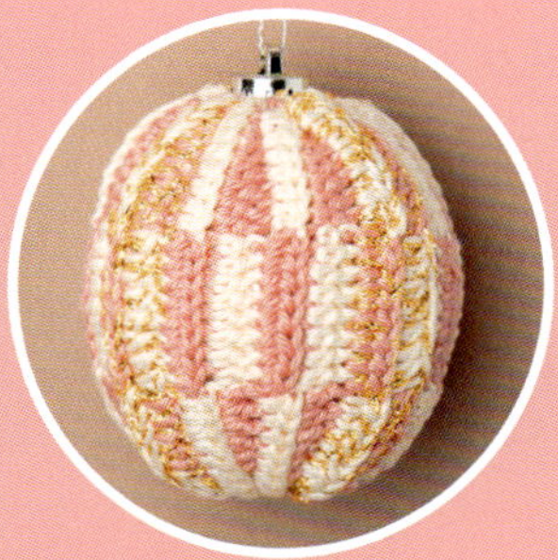

KACHEL-MUSTER-KUGEL

★★☆

Material

- Schachenmayr Catania (100 % Baumwolle, LL 125 m/50 g) in Creme (Fb 130), 10 g Altrosa (Fb 108), 10 g Filetgarn in Gold

ODER:

- Schachenmayr Catania (100 % Baumwolle, LL 125 m/50 g) in Creme (Fb 130), 10 g Khaki (Fb 212), 10 g
- Transparentes Nähgarn
- Häkelnadel Ø 2,5 mm
- Stopfnadel zum Vernähen
- Weihnachtskugel Ø 6 cm

Es wird in R gehäkelt. Das Häkelstück wird am Ende zusammengenäht.

KACHEL-MUSTER (in Creme und Altrosa oder Creme und Khaki)

Häkle in R. Beginne in Creme. Schlage 26 Lm an, stich in die 3. Lm von der Nd aus ein, häkle wie folgt weiter:
(Achte darauf, immer in der angegebenen Farbe zu häkeln)

1. R: 8 hStb ihM in Creme, 8 hStb ihM in Altrosa oder Khaki, 8 hStb ihM in Creme, ohne Lm wenden (= 24 M).

2. R: 2 Lm und 8 hStb ihM in Altrosa oder Khaki, 8 hStb ihM in Creme, 8 hStb ihM in Altrosa oder Khaki, ohne Lm wenden (= 24 M).

3.–4 .R: Wdh. R 1–2 noch einmal (= 24 M).

Lege dir nun das goldene Filetgarn für die nächsten beiden R als Beilaufgarn neben den Arbeitsfaden (du häkelst also mit beiden Fäden gleichzeitig). Wenn du kein Beilaufgarn nutzt, häkle die nächsten R nur in der gewählten Farbe. Häkle wie folgt weiter:

5.–6. R: Wdh. R 1–2 mit goldenem Beilaufgarn (= 24 M).

Nun ohne den Goldfaden weiter arbeiten.

7.–10. R: Wdh. R 1–4 noch einmal (= 24 M).

Nimm für die nächsten beiden R noch einmal das Beilaufgarn in Gold auf.

11.–12. R: Wdh. R 1–2 (= 24 M).

Ohne Gold weiter häkeln.

13.–16. R: Wdh. R 1–4 (= 24 M).

Noch einmal den goldenen Faden aufnehmen.

17.–18. R: Wdh. R 1–2 (= 24 M).

Ohne Gold weiter häkeln.

19.–22. R: Wdh. R 1–4 (= 24 M).

Nimm nun das goldene Garn ein letztes Mal mit auf den Arbeitsfaden.

23.–24. R: Wdh. R 1–2 (= 24 M).

Den Faden lang abschneiden. Das Häkelstück mittig falten und die kurzen Seiten mit einem transparenten Nähgarn zusammennähen.
➡ **Bild 1–2**

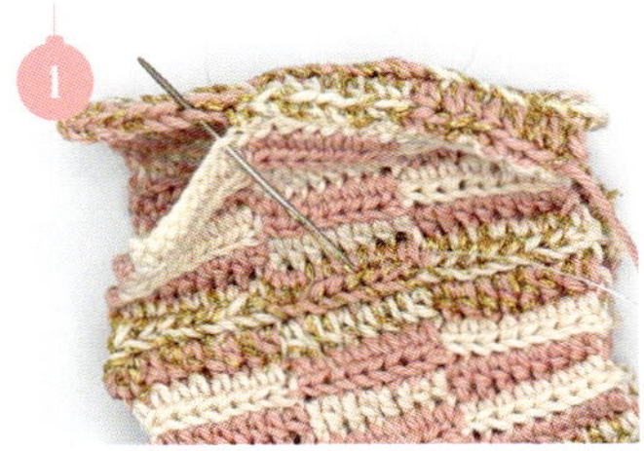

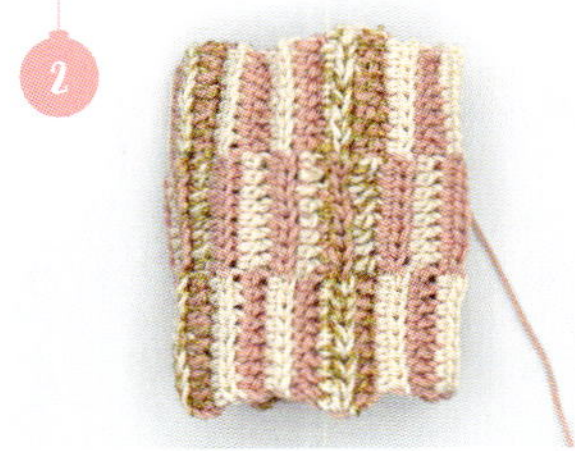

Die Arbeit über die Kugel stülpen, der lange Faden der letzten R liegt dabei oben. Fädle den Faden durch die außen liegenden M-Glieder und ziehe die Öffnung anschließend zu. Eine bebilderte Anleitung findest du in der Anleitung der Streifen-Muster-Kugel auf S. 22. Den Faden an die Unterseite fädeln, und auch hier die Öffnung schließen. Wenn noch ein kleines Loch bleiben sollte, kannst du dies mit ein paar Stichen durch die gegenüberliegenden Seiten zunähen. Den Faden vernähen.

TIPP: Sollte sich die Öffnung nicht gleich zuziehen lassen, kannst du den Faden auch noch ein zweites Mal durch die Schlaufen fädeln und so nach und nach alles zuziehen. Des Weiteren kannst du ebenso eine andere Methode verwenden. Nimm den Faden dazu je an einer der Öffnungen erneut auf und nimm jede M der R-Enden miteinander ab. Schneide den Faden anschließend ab und fädle ihn durch die vorderen M-Glieder der Rd, ziehe ihn fest und vernähe den Faden.

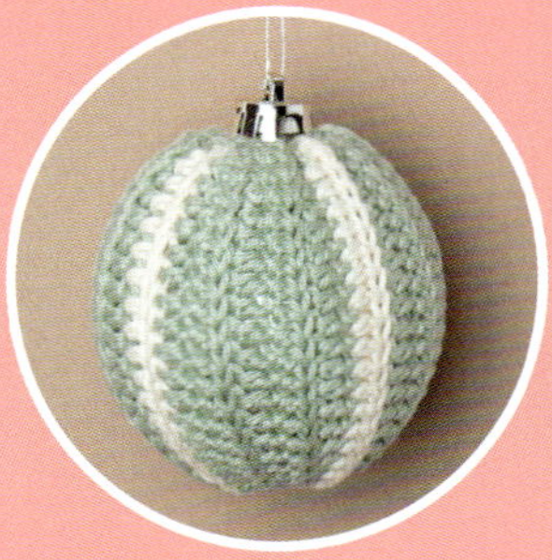

STREIFEN-MUSTER-KUGEL

★★☆

Material

- Scheepjes Catona (100% Baumwolle, LL 125 m/50 g) in Silver Green (Fb 402), 15 g Old Lace (Fb 130), ein Rest

ODER:

- Schachenmayr Catania (100% Baumwolle, LL 125 m/50 g) in Reseda (Fb 402), ein Rest Nebel (Fb 434), 15 g
- Häkelnadel Ø 2,5 mm
- Stopfnadel zum Vernähen
- Weihnachtskugel Ø 6 cm

Es wird in R gehäkelt und das Häkelstück am Ende zusammengenäht.

HERVORGEBOBENES STREIFENMUSTER (in Silver Green, Old Lace oder Reseda, Nebel)

Häkle in R. Beginne in Silver Green oder Nebel.
Schlage 20 Lm an, stich in die 3. Lm von der Nd aus ein und häkle wie folgt in R weiter:

1.–5. R: 18 hStb ihM, 2 Lm und wenden (= 18 M).
Fb-Wechsel zu Old Lace oder Reseda.
6. R: 18 hStb ihM, 2 Lm und wenden.
Fb-Wechsel zu Silver Green oder Nebel.
7.–11. R: 18 hStb ihM, 2 Lm und wenden.
Fb-Wechsel zu Old Lace oder Reseda.
12. R: 18 hStb ihM, 2 Lm und wenden.
Fb-Wechsel zu Silver Green oder Nebel.
13.–17. R: 18 hStb ihM, 2 Lm und wenden.
Fb-Wechsel zu Old Lace oder Reseda.
18. R: 18 hStb ihM, 2 Lm und wenden.
Fb-Wechsel zu Silver Green oder Nebel.
19.–23. R: 18 hStb ihM, 2 Lm und wenden.
Fb-Wechsel zu Old Lace oder Reseda.
24. R: 18 hStb ihM, 2 Lm und wenden.
Fb-Wechsel zu Silver Green oder Nebel.
25.–26. R: 18 hStb, 2 Lm und weden (= 18 M).

Schneide den Faden lang genug ab, um am Ende beide Öffnungen zuziehen zu können. Die Arbeit mittig falten und die kurzen Seiten mit Hilfe des Spannstichs zusammennähen. Stich dabei auf der Seite mit den hStb immer nur durch das hintere M-Glied. Die Arbeit über die Kugel stülpen, der Faden liegt dabei oben. Diesen anschließend durch die außen liegenden M-Glieder fädeln, festziehen und die Öffnung schließen.
➞ **Bild 1–2**

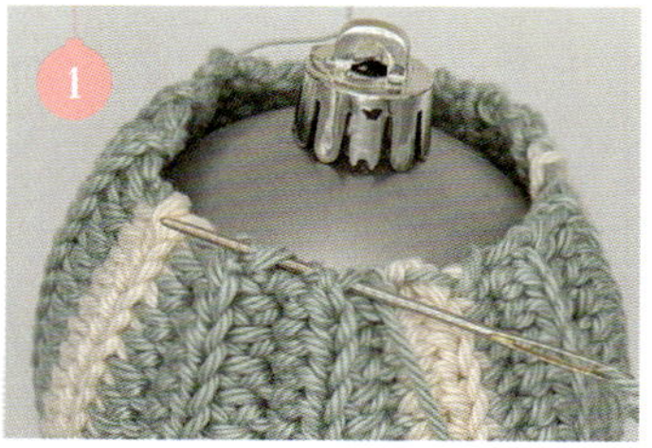

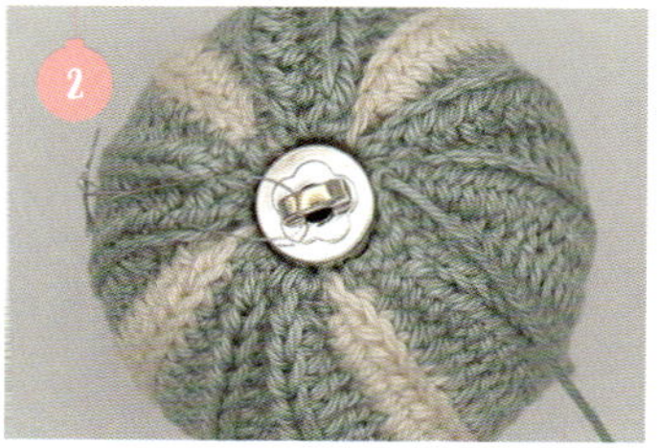

Den Faden an die Unterseite fädeln und die Öffnung auf dieselbe Weise schließen. Das kleine Loch, das am Ende bleibt, anschließend mit ein paar Stichen durch die gegenüberliegenden Seiten zunähen. Den Faden vernähen.

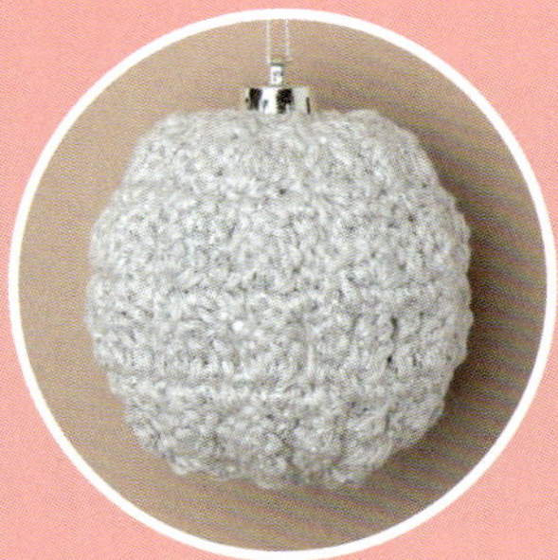

GLAMOUR-MUSTER-KUGEL

★☆☆

Material

- Schachenmayr Catania (100% Baumwolle, LL 125 m/50 g) in Nebel (Fb 434), 15 g
- Filetgarn in Silber, 10 g

ODER:

- Terracotta (Fb 388), 15 g
- Filetgarn in Gold, 10 g
- Häkelnadel Ø 2,5 mm
- Stopfnadel zum Vernähen
- Weihnachtskugel Ø 6 cm

Es wird in R gehäkelt. Das Häkelstück wird am Ende zusammengenäht.

GLAMOUR-MUSTER (in Nebel und Silber oder Terracotta und Gold)
Häkle in R.
Nimm dir den Faden gemeinsam mit dem Filetgarn in Silber oder Gold als Beilaufgarn auf. Schlage 49 Lm an, stich in die 2. Lm von der Nd aus ein. Lasse einen langen Anfangsfaden hängen und häkle wie folgt weiter:
1. R: 48 fM häkeln, 1 Lm und wenden (= 48 M).
2. R: 3 Lm (= 1. Stb), 1 Lm und 1 fM überspringen, 3 Stb zus. abmaschen, 1 Lm und 1 fM überspringen, *1 Stb, 1 Lm und 1 fM überspringen, 3 Stb zus. abmaschen, 1 Lm und 1 fM überspringen*, von * bis * bis zum Ende der R wdh, nach dem letzten Stb 1 Lm häkeln und wenden (= 48 M).
3. R: *1 fM in das 3er-Stb, 1 fM um die Lm, 1 fM in das Stb, 1 fM um die Lm*, von * bis * noch 11x wdh, 1 Lm und wenden (= 48 M).
4. R: 3 Lm und 2 Stb in einer M zus. abmaschen, 1 Lm und 1 fM überspringen, 1 Stb, 1 Lm und 1 fM überspringen, *3 Stb zus. abmaschen, 1 Lm und 1 fM überspringen, 1 Stb, 1 Lm und 1 fM überspringen*, von * bis * bis zum Ende der R wdh., nach dem letzten Stb 1 Lm häkeln und wenden (= 48 M).
5. R: *1 fM in das erste Stb, 1 fM um die Lm-Kette, 1 fM in das 3er-Stb, 1 fM um die Lm-Kette*, von * bis * noch 11x wdh, 1 Lm und wenden (= 48 M).
6.–8. R: Wdh. R 2–4 noch einmal (= 48 M).
9. R: 24x 1 M abn (= 24 M).
Den Faden lang abschneiden.

KUGEL FERTIGSTELLEN
Das Häkelstück mittig falten und die kurzen Enden mit dem Anfangsfaden zusammennähen. Die Arbeit anschließend über die Kugel stülpen, R 9 liegt dabei oben.
Nimm nun den Faden nochmals an der Lm-Kette des Anfangs in Nebel oder Terracotta auf. An der Lm-Kette 24x 1 M abn, den Faden lang abschneiden. Fädle diesen anschließend durch alle vorderen M-Glieder der letzten Rd, den Faden festziehen, die Öffnung auf diese Weise schließen und den Faden vernähen. Den Faden ebenso an der oberen Seite durch alle vorderen M-Glieder fädeln und die Öffnung schließen. Sollte dir an der unteren Seite noch ein kleines Loch bleiben, kannst du dies mit mehreren Stichen durch die gegenüberliegenden Seiten zunähen.

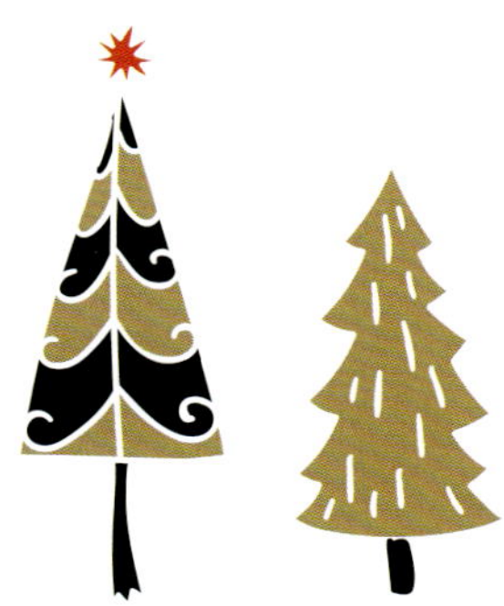

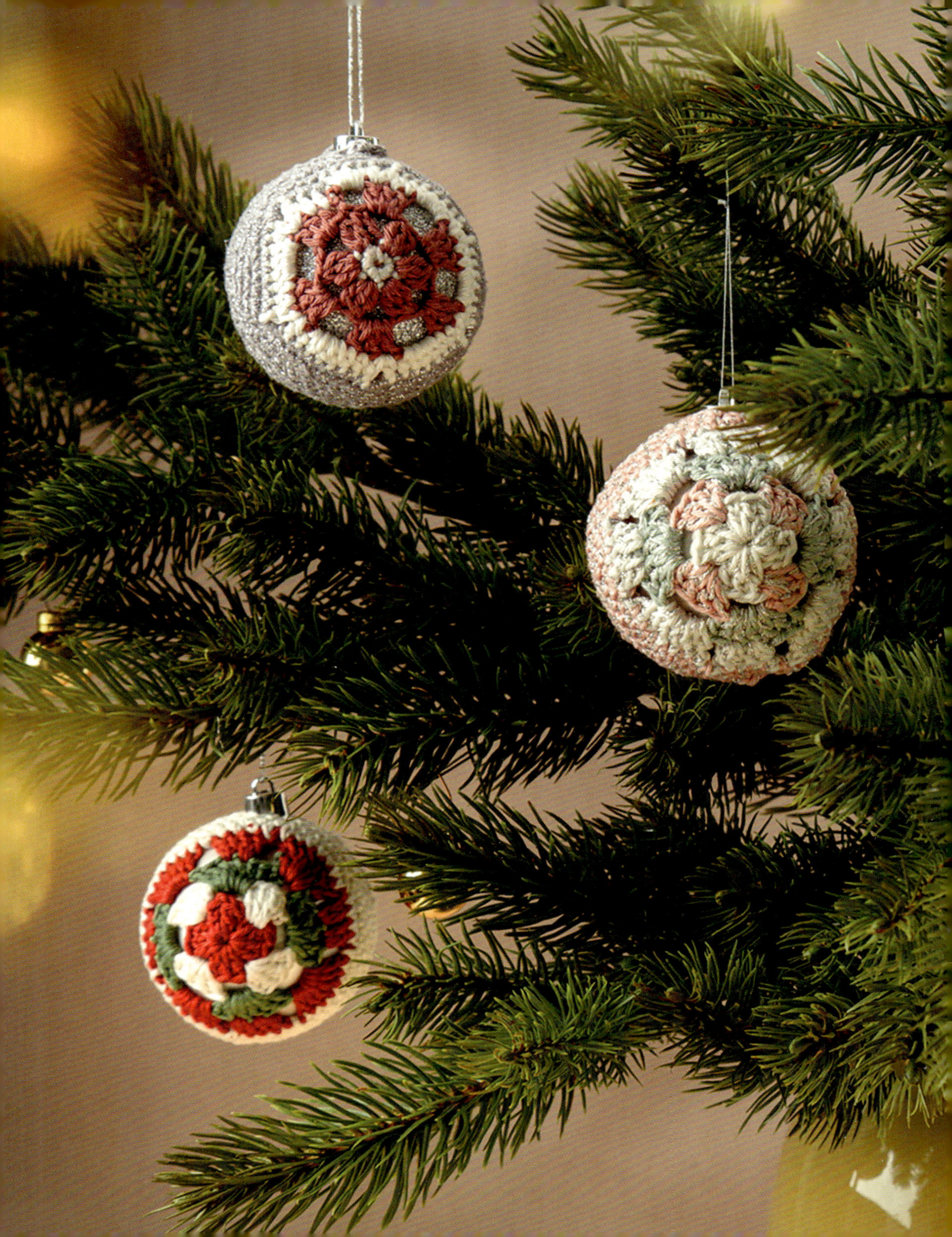

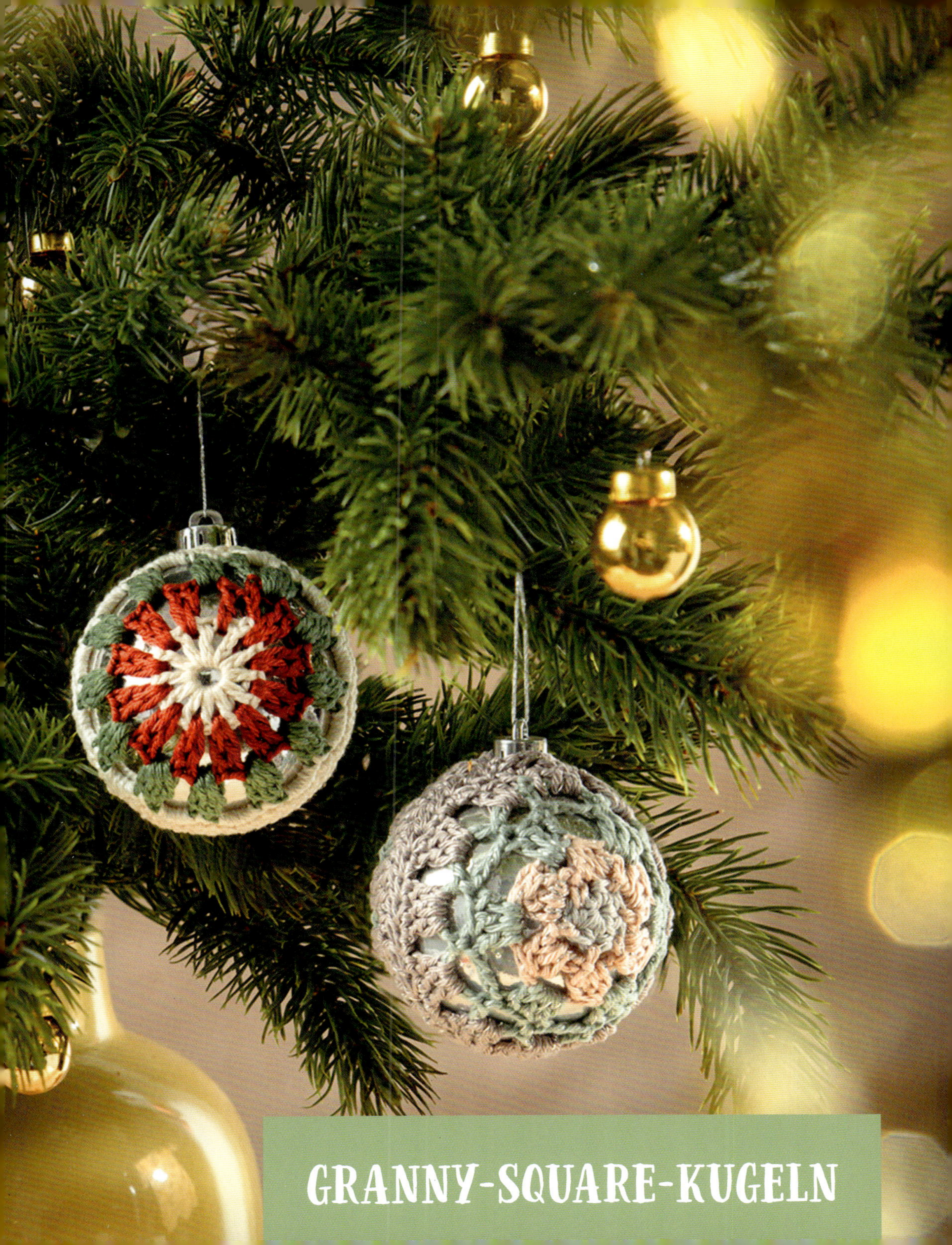

GRANNY-SQUARE-KUGELN

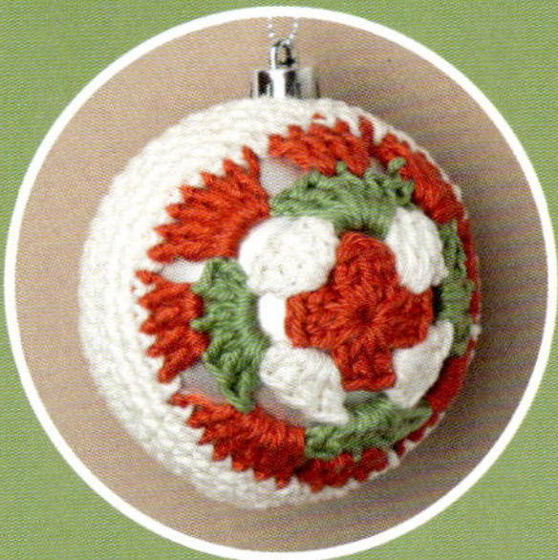

CLASSIC-GRANNY-KUGEL

★☆☆

Material

- Schachenmayr Catania (100 % Baumwolle, LL 125 m/50 g) in Natur (Fb 105), 8 g Khaki (Fb 212), ein Rest Kirsche (Fb 424), 5 g

ODER:

- Schachenmayr Catania (100 % Baumwolle, LL 125 m/50 g) in Altrosa (Fb 408), 8 g Reseda (Fb 402), ein Rest Natur (Fb 105), 5 g
- Filetgarn in Silber als Beilaufgarn
- Häkelnadel Ø 2,5 mm
- Stopfnadel zum Vernähen
- Weihnachtskugel Ø 6 cm

Es werden zwei Teile in Rd gehäkelt und später miteinander verbunden. Wenn du deine Kugel mit einem silbernen Beilaufgarn häkeln möchtest, nimm dieses einfach neben deinem Arbeitsfaden auf. Häkle dann mit der Grundfarbe und dem Beilaufgarn gleichzeitig, um den gewünschten Effekt zu erhalten.

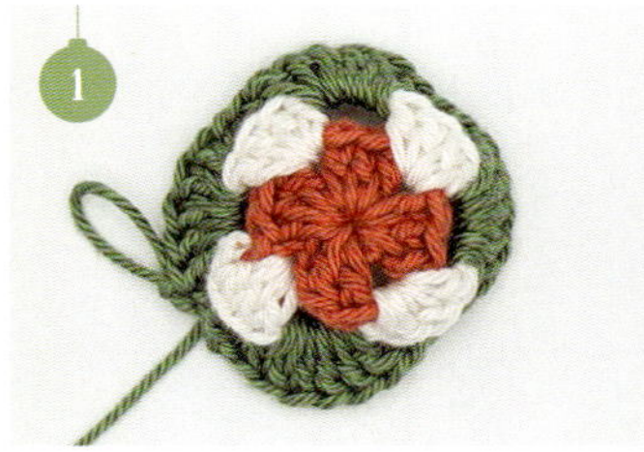

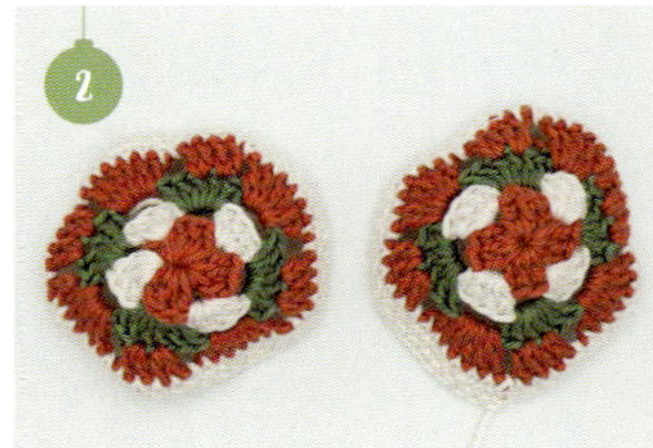

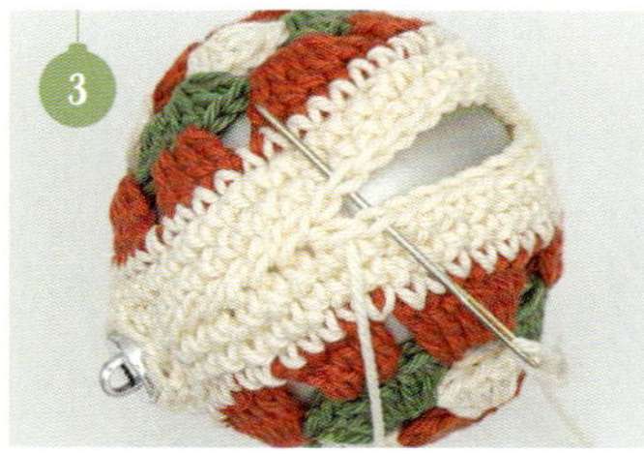

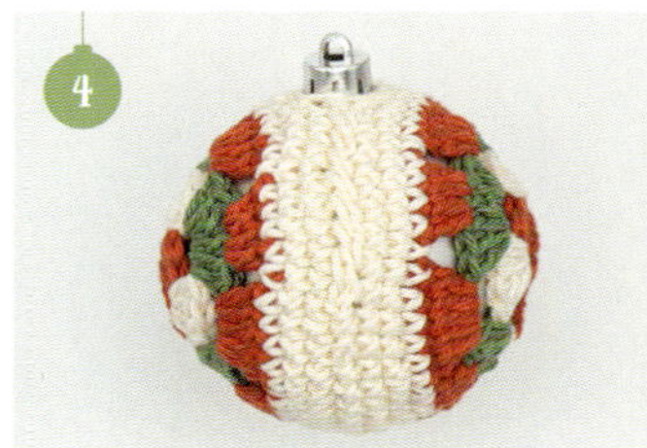

CLASSIC GRANNY-MUSTER

(2x Natur, Khaki, Kirsche oder Altrosa, Reseda, Natur und Silber)

Häkle in Spiral-Rd. Beginne in Kirsche oder Natur.

Schlage 4 Lm an, stich in die 1. Lm ein und schließe die Lm-Kette zu einem Ring. Häkle wie folgt in den Ring hinein:

1. Rd: 3 Lm und 2 Stb, 1 Lm, *3 Stb, 1 Lm*, von * bis * noch 2x wdh, mit 1 Km in die 3. Lm beenden (= 12 M).

Fb-Wechsel zu Natur oder Altrosa und Silber.

2. Rd: 3 Lm und 3 Stb um die Lm-Kette der Vorrunde, 2 Lm, *4 Stb um die Lm-Kette, 2 Lm*, von * bis * noch 2x wdh, mit 1 Km in die 3. Lm beenden (= 16 M).

Fb-Wechsel zu Khaki oder Reseda und Silber.

3. Rd: 5 Lm, *6 Stb um die Lm-Kette der Vorrunde, 2 Lm*, von * bis * noch 2x wdh, 5 Stb um die Lm-Kette der Vorrunde, 1 Km in die 3. Lm (= 24 M).

→ **Bild 1**

Fb-Wechsel zu Kirsche oder Natur und Silber.

4. Rd: 3 Lm und 5 Stb um die Lm-Kette der Vorrunde, 2 Lm und 2 Stb überspringen, 2x 1 Stb zun, 2 Lm und 2 Stb überspringen, *6 Stb um die Lm-Kette, 2 Lm und 2 Stb überspringen, 2x 1 Stb zun, 2 Lm und 2 Stb überspringen*, von * bis * noch 2x wdh, mit 1 Km in die 3. Lm beenden (= 40 M).

Fb-Wechsel zu Natur oder Altrosa und Silber.

5. Rd: Je 1 fM in die Stb und je 1 fM um die Lm der Vorrunde, mit 1 Km beenden (= 48 M).

6.–7. Rd: 48 fM häkeln.

Den Faden abschneiden und vernähen. Einen zweiten Teil identisch häkeln, aber den Faden lang abschneiden.

→ **Bild 2**

Beide Teile vorne und hinten über die Kugel stülpen und in der Mitte zusammennähen.

→ **Bild 3–4**

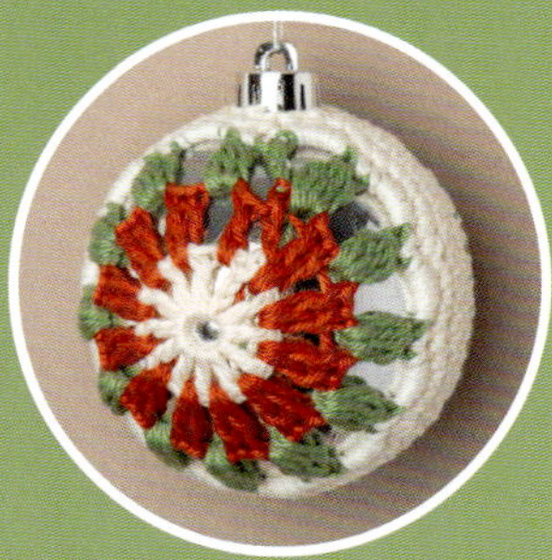

MANDALA-MUSTER-KUGEL

★★☆

Material

- Scheepjes Catona (100% Baumwolle, LL 125m/50g) in Old Lace (Fb 130), ein Rest Rust (Fb 388), ein Rest Kiwi (Fb 205), ein Rest

ODER:

- Schachenmayr Catania (100% Baumwolle, LL 125m/50g) in Creme (Fb 130), ein Rest Terracotta (Fb 388), ein Rest Khaki (Fb 212), ein Rest
- Häkelnadel Ø 2,5mm
- Stopfnadel zum Vernähen
- Weihnachtskugel Ø 6cm

Es werden zwei Teile in Rd gehäkelt und später miteinander verbunden.

MANDALA-MUSTER (2x in Rust, Kiwi und Old Lace oder Terracotta, Creme und Khaki)
Häkle in Rd. Beginne in Old Lace oder Creme.
Schlage einen Fadenring an und häkle wie folgt in diesen hinein:
1. Rd: 3 Lm (= 1. Stb), 11 Stb in einen Fadenring häkeln, mit 1 Km in die 3. Lm beenden (= 12 M).
Fb-Wechsel zu Rust oder Terracotta.
2. Rd: 3 Lm (= 1. Stb) und 1 Stb in den Zwischenraum der Vorrunde, 2 Lm, *2 Stb in den Zwischenraum, 2 Lm*, von * bis * noch 10x wdh, mit 1 Km in die 3. Lm beenden (= 24 M).
Fb-Wechsel zu Kiwi oder Khaki.
3. Rd: 3 Lm und 1 N aus 3 Stb um die Lm der Vorrunde, 4 Lm, *1 N aus 4 Stb um die Lm der Vorrunde, 4 Lm*. Von * bis * noch 10x wdh, mit 1 Km in die 3. Lm beenden (= 12 M).
→ Bild 1

Fb-Wechsel zu Old Lace oder Creme.
4. Rd: 1 Lm, *1 fM in die N, 4 fM um die Lm-Kette*, von * bis * noch 11x wdh, mit 1 Km in die 1. Lm beenden (= 60 M).
→ Bild 2

5. Rd: *8 fM, 1 M abn*, von * bis * noch 5x wdh (= 54 M).
Abketten, den Faden abschneiden und vernähen. Einen zweiten Teil häkeln, aber den Faden lang lassen. Beide Teile über die Kugel legen und in der Mitte zusammennähen (siehe S. 26).

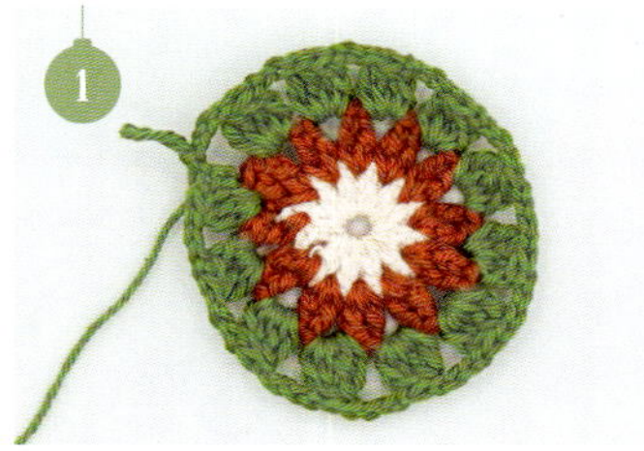
1

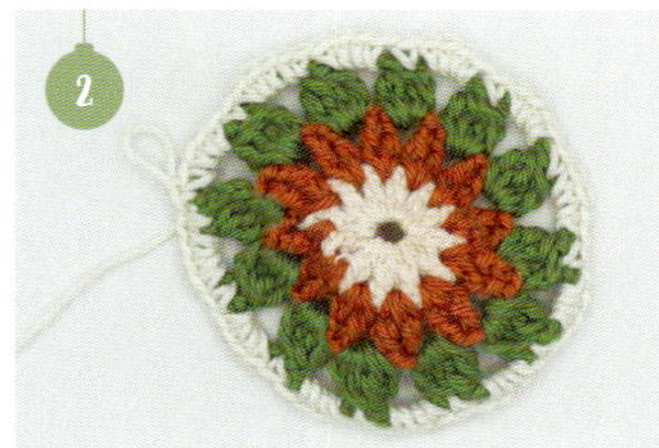
2

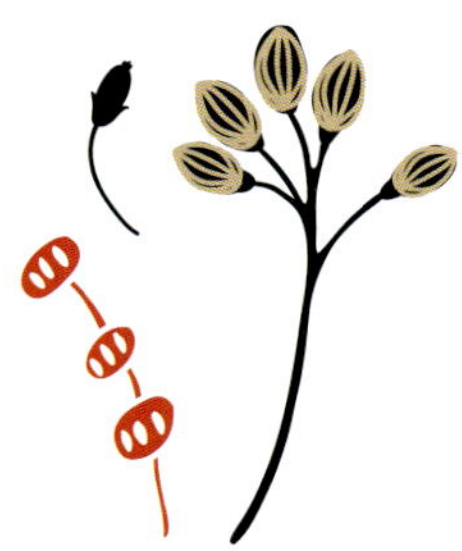

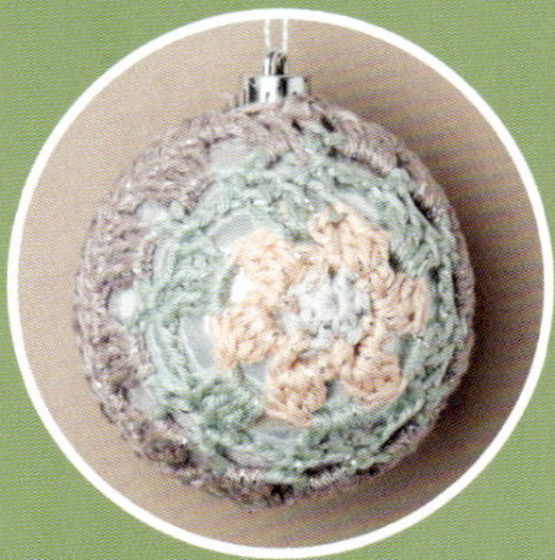

ICY-MANDALA-KUGEL

★★☆

Material

- Schachenmayr Catania (100 % Baumwolle, LL 125 m/50 g) in
  Sand (Fb 404), 5 g
  Leinen (Fb 248), 5 g
  Serenity (Fb 180), 5 g
  Creme (Fb 130), 10 g
- Filetgarn in Gold, 10 g

ODER:

- Schachenmayr Catania (100 % Baumwolle, LL 125 m/50 g) in
  Nebel (Fb 434), 5 g
  Rosé Gold (Fb 433), 5 g
  Reseda (Fb 402), 5 g
- Schlamm (Fb 406), 10 g
- Filetgarn in Silber, 10 g
- Häkelnadel Ø 2,5 mm
- Stopfnadel zum Vernähen
- Weihnachtskugel Ø 6 cm

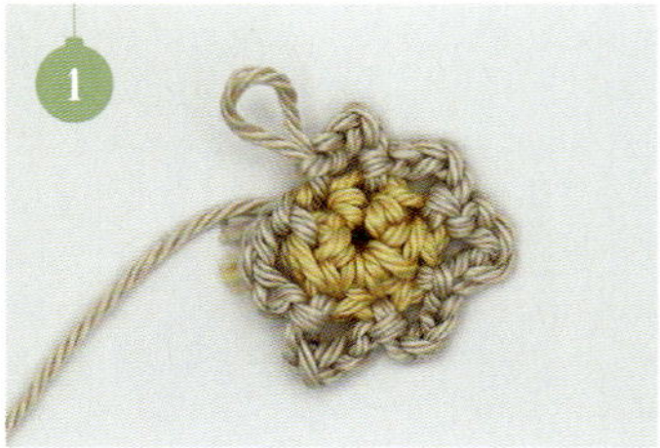

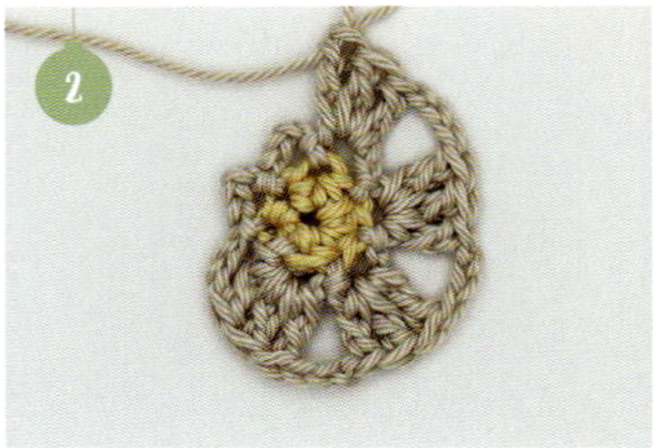

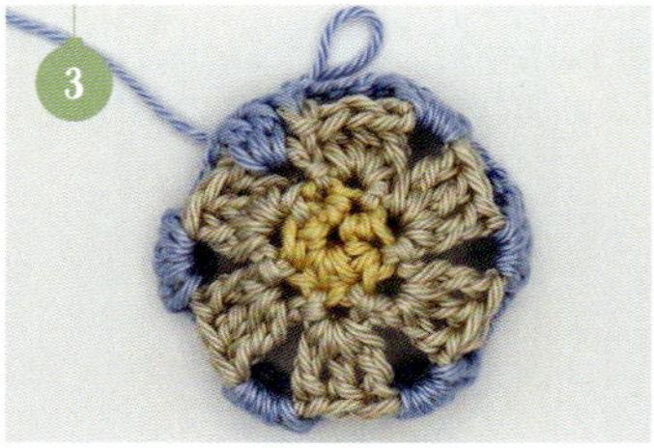

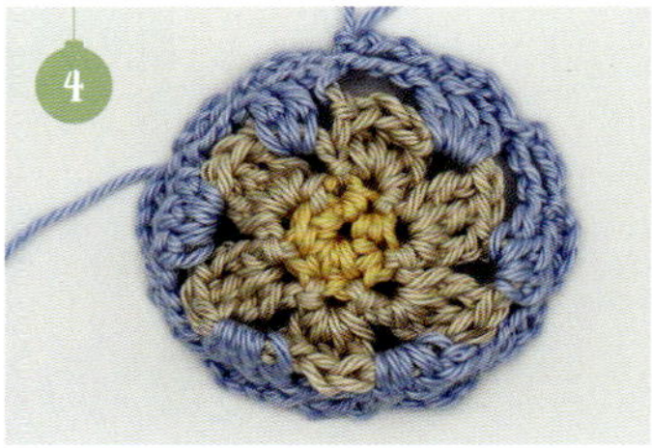

Es werden zwei Teile in Rd gehäkelt und später miteinander verbunden.

ICY MANDALA-MUSTER (2x in Sand, Leinen, Serenity, Creme und Gold oder Nebel, Rosé Gold, Reseda, Schlamm und Silber)
Häkle in Spiral-Rd. Beginne in Sand oder Nebel.
Lege dir das goldene Filetgarn als Beilaufgarn neben den Arbeitsfaden, häkle wie folgt:
1. Rd: 6 hStb in einen Fadenring häkeln (= 6 M).
Fb-Wechsel zu Leinen oder Rosé Gold. Den goldenen Faden stets mitführen.
2. Rd: *1 Km in die nächste M, 4 Lm*, von * bis * noch 5 x wdh, mit 1 Km beenden.
3. Rd: *3 Lm, 3 Stb um den Lm-Bogen zus. abmaschen*, von * bis * noch 5 x wdh, mit 1 Km in die 1. Lm beenden.
→ **Bild 1–2**

Fb-Wechsel zu Serenity oder Reseda. Den goldenen Faden stets mitführen.
4. Rd: 3 Lm und 2 Stb um den ersten Lm-Bogen, 3 Lm, *3 Stb um den Lm-Bogen, 3 Lm*, von * bis * noch 4 x wdh, mit 1 Km in die 3. Lm beenden.
5. Rd: 4 Lm, 1 Km in das 3. Stb, *4 Lm, 1 Km in das 1. Stb, 4 Lm, 1 Km in das 3. Stb*, von * bis * noch 4 x wdh, 4 Lm, mit 1 Km in die 1. Lm beenden.
→ **Bild 3–4**

Fb-Wechsel zu Creme oder Schlamm. Den goldenen Faden stets mitführen.
6. Rd: 3 Lm und 2 Stb um den 1. Lm-Bogen, 2 Lm, *3 Stb um den Lm-Bogen, 2 Lm*, von * bis * noch 10 x wdh, mit 1Km in die 3. Lm beenden.
7. Rd: *1 fM, 1 M abn, 1 fM um die Lm der Vorrunde*, von * bis * noch 11 x wdh, mit 1 Km beenden.
Den Faden abschneiden und die Fäden vernähen. Einen zweiten Teil identisch häkeln, den Faden jedoch lang abschneiden. Beide Teile vorne und hinten über die Kugel stülpen und in der Mitte zusammennähen (siehe S. 26).

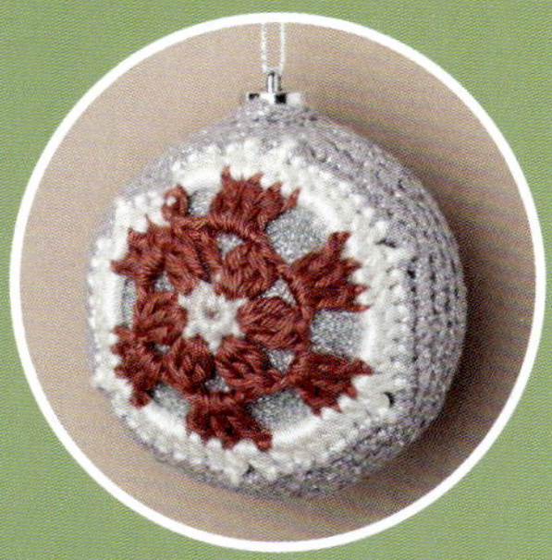

WEIHNACHTS-STERN-KUGEL

★★☆

Material

- Scheepjes Catona (100 % Baumwolle, LL 125 m/50 g) in
  Rust (Fb 388), 20 g
  Sage Green (Fb 212), 10 g
  Saffron (Fb 249), ein Rest
  Snow White (Fb 105), 20 g

ODER:

- Scheepjes Catona (100 % Baumwolle, LL 125 m/50 g) in
  Rose Wine (Fb 396), 20 g
  Bridal White (Fb 105), 10 g
  Light Silver (Fb 172), 20 g
- Scheepjes Twinkle (75 % Baumwolle, 25 % Polyester, LL 130 m/50 g) in
  Light Grey (Fb 902), 20 g
  (Wenn du mit Beilaufgarn häkeln möchtest. Häkle dazu mit der Grundfarbe und dem Beilaufgarn gleichzeitig um den Effekt zu erzielen.)
- Häkelnadel Ø 2,5 mm
- Stopfnadel zum Vernähen
- Weihnachtskugel Ø 6 cm

Es werden zwei Teile in Rd gehäkelt und später miteinander verbunden.

WEIHNACHTSSTERN-MUSTER
(2x in Saffron, Rust, Sage Green, Snow White oder Rose Wine, Bridal White, Light Silver und Light Grey als Beilaufgarn)

Häkle in Spiral-Rd. Beginne in Saffron oder Bridal White.

1. Rd: 6 fM in einen Fadenring häkeln (= 6 M).

Fb-Wechsel zu Rust oder Rose Wine.

2. Rd: 3 LM und 2 Stb zus abn, 3 Lm, *3 Stb zus abn, 3 Lm*, von * bis * noch 4x wdh, mit 1 Km in die 3. Lm beenden (= 18 M).

3. Rd: 1 Km in die nächste M, 1 Km um den Lm-Bogen, 3 Lm und 2 Stb um den Lm-Bogen, 3 Lm, *3 Stb um den Lm-Bogen, 3 Lm*, von * bis * noch 5x wdh, mit 1 Km in die 3. Lm beenden (= 18 M).

Fb-Wechsel zu Sage Green oder Bridal White.

4. Rd: *3 hStb, 3 Lm und ein weiteres hStb in dieselbe M, 4 hStb um den Lm-Bogen*, von * bis * noch 5x wdh (= 48 M).

→ Bild 1–3

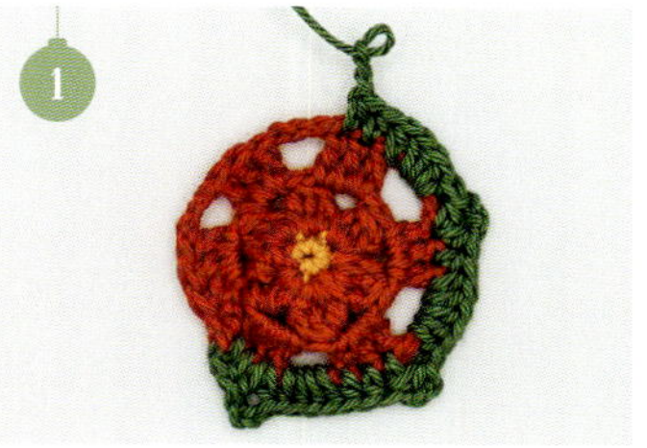

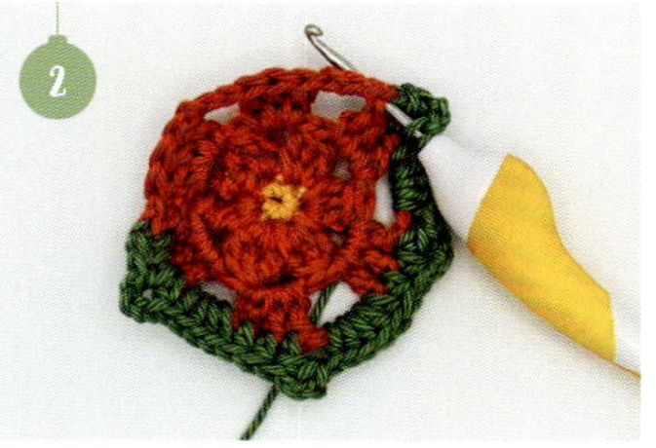

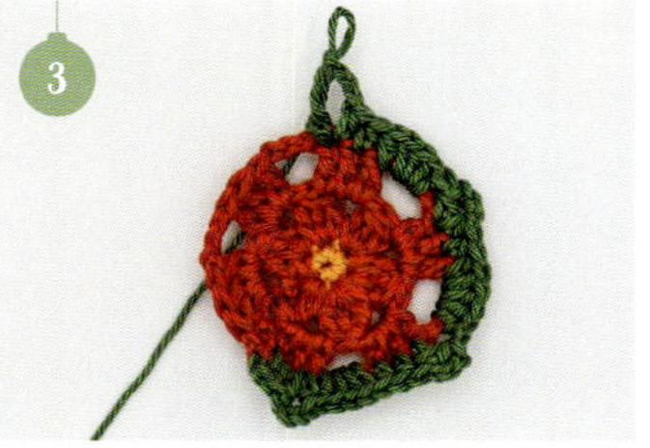

Fb-Wechsel zu Snow White oder Light Silver.

5. Rd: *3 fM, 3 fM um den Lm-Bogen, 4 fM*, von * bis * noch 5x wdh (= 60 M).

6. Rd: *8 fM, 1 M abn*, von * bis * noch 5x wdh (= 54 M).

7. Rd: *7 fM, 1 M abn*, von * bis * noch 5x wdh (= 48 M).

8. Rd: *6 fM, 1 M abn*, von * bis * noch 5x wdh (= 42 M).

Abketten, den Faden abschneiden und vernähen. Einen zweiten Teil identisch häkeln, den Faden lang abschneiden. Beide Teile je von vorne und hinten über die Kugel legen und in der Mitte zusammennähen (siehe S. 26).

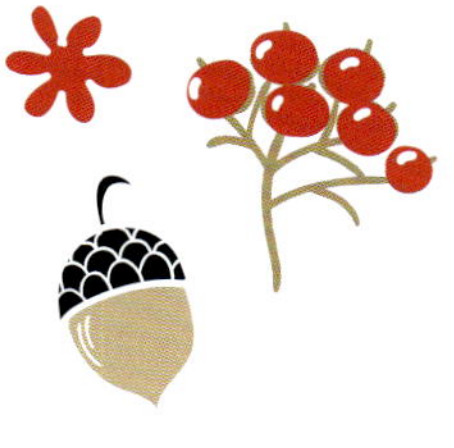

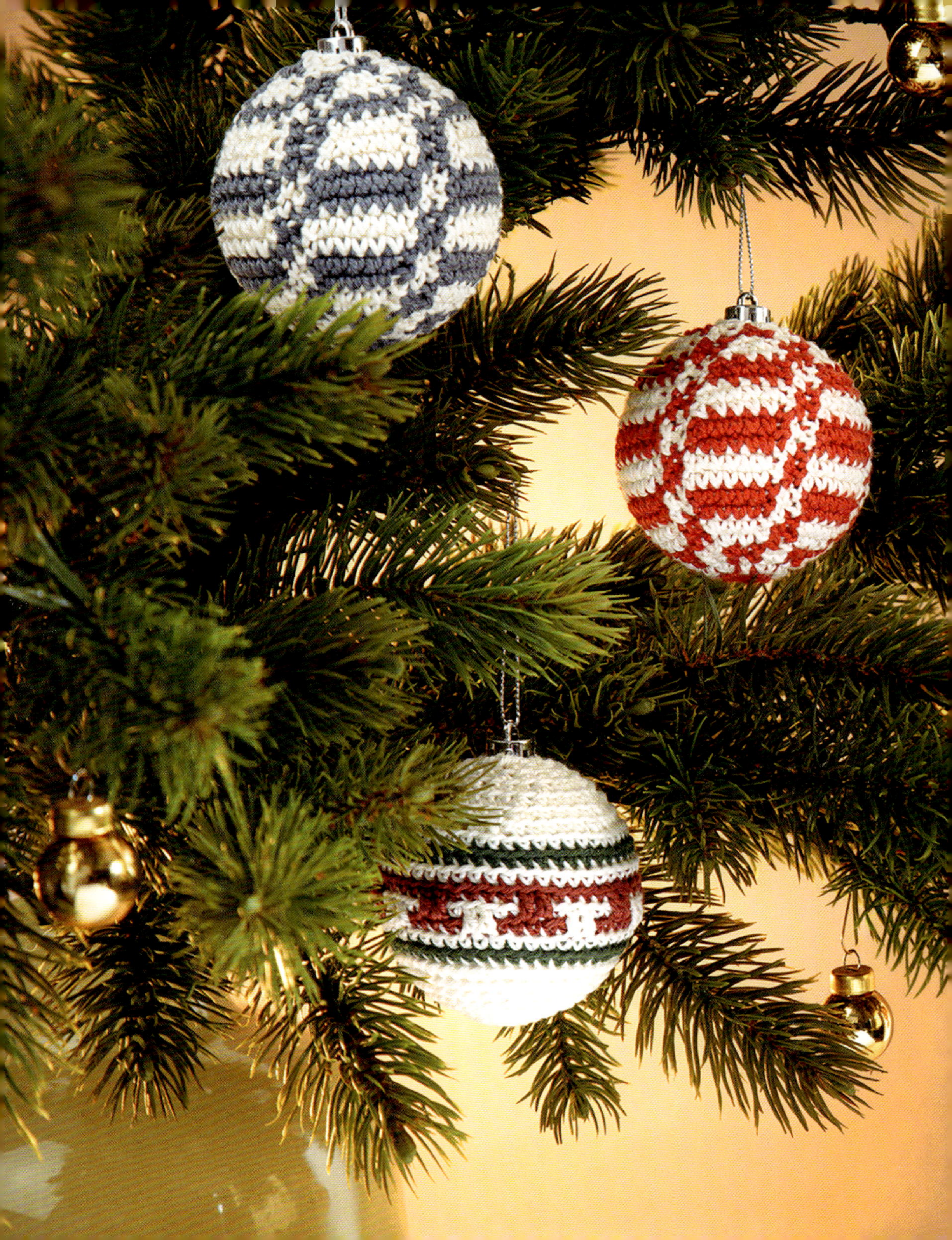

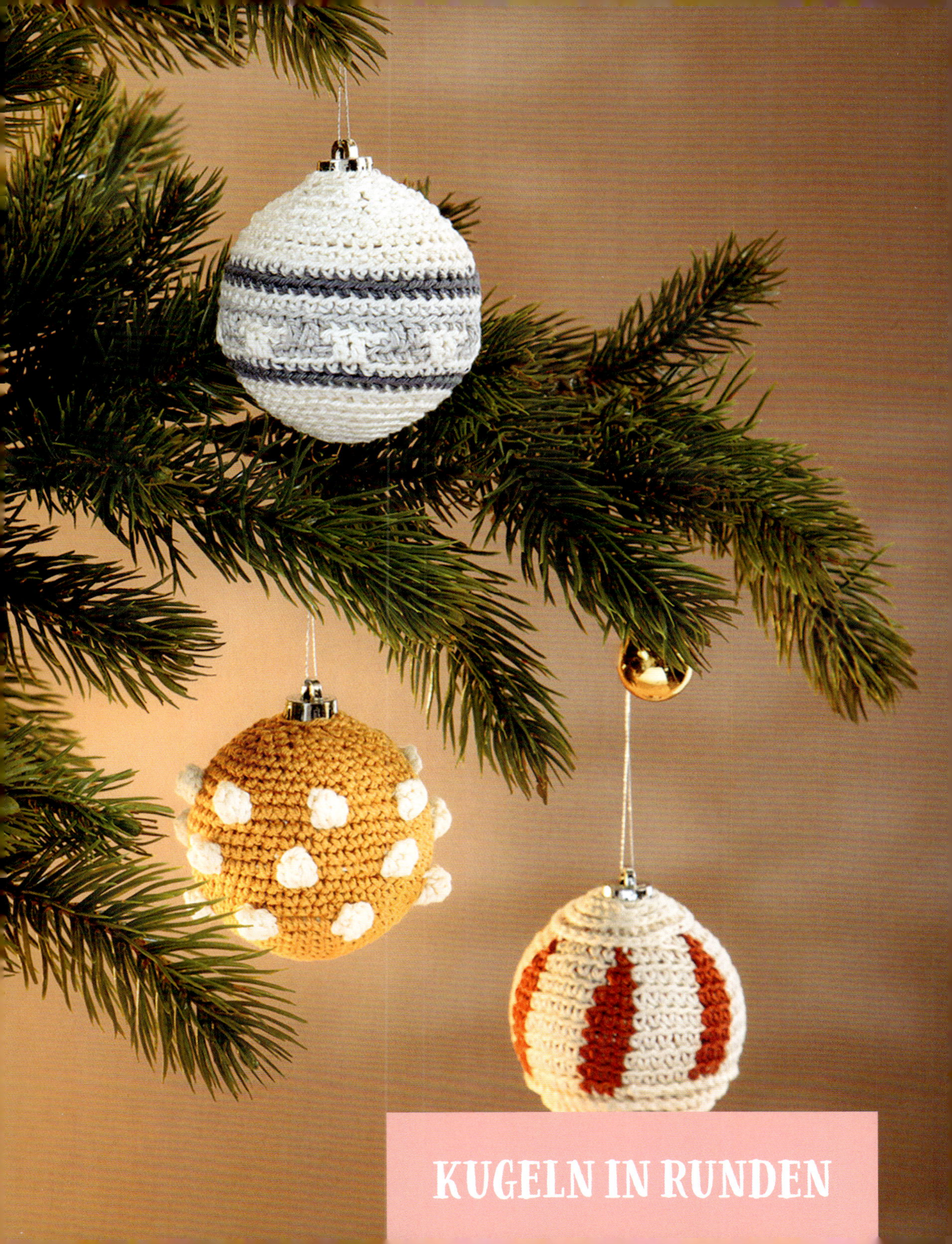

KUGELN IN RUNDEN

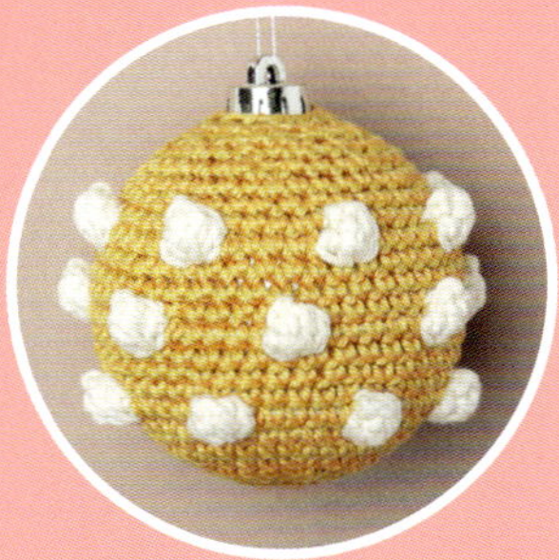

POPCORN-KUGEL

★★☆

Material

- Schachenmayr Catania (100 % Baumwolle, LL 125 m/50 g) in Curry (Fb 431), 25 g Creme (Fb 130), 10 g

ODER:

- Fuchs (Fb 426), 25 g Creme (Fb 130), 10 g
- Filetgarn in Bronze, 10 g

- Häkelnadel Ø 2,5 mm
- Stopfnadel zum Vernähen
- Weihnachtskugel Ø 6 cm

Es wird in Spiral-Rd gehäkelt. Die Popcorn-M werden direkt mit eingehäkelt.

POPCORNKUGEL-MUSTER (in Creme und Curry oder Fuchs und Creme)

Häkle in Rd. Beginne in Curry oder Fuchs.

1. Rd: 6 fM in einen Fadenring häkeln (= 6 M).

2. Rd: 6x 1 M zun (= 12 M).

3. Rd: *1 fM ihM, 1 M zun ihM*, von * bis * noch 5x wdh (= 18 M).

4. Rd: *2 fM ihM, 1 M zun ihM*, von * bis * noch 5x wdh (= 24 M).

5. Rd: *3 fM ihM, 1 M zun ihM*, von * bis * noch 5x wdh (= 30 M).

6. Rd: *4 fM ihM, 1 M zun ihM*, von * bis * noch 5x wdh (= 36 M).

7. Rd: *5 fM ihM, 1 M zun ihM*, von * bis * noch 5x wdh (= 42 M).

8. Rd: 42 fM häkeln.

In der nächsten Rd beginnen die Popcornmaschen. Häkle dazu immer in der jeweilig angegebenen Farbe. Wenn du die Kugel in Fuchs häkelst, nimm bei jeder Popcornmasche einen Beilauffaden in Bronze Filetgarn auf.

9. Rd: *5 fM in Curry oder Fuchs, 1 Pc aus 4 Stb in Creme*, von * bis * noch 6x wdh(= 42 M).

10.–12. Rd: 42 fM in Curry oder Fuchs häkeln.

13. Rd: *3 fM in Curry oder Fuchs, 1 Pc aus 4 Stb in Creme, 2 fM in Curry oder Fuchs*, von * bis * noch 6x wdh (= 42 M).

14.–16. Rd: 42 fM in Curry oder Fuchs häkeln.

17. Rd: *2 fM in Curry oder Fuchs, 1 Pc aus 4 Stb in Creme, 3 fM in Curry oder Fuchs*, von * bis * noch 6x wdh (= 42 M).

Ab der nächsten Rd nur noch in Curry oder Fuchs häkeln.

18. Rd: *5 fM, 1 M abn*, von * bis * noch 5x wdh (= 36 M).

19. Rd: 36 fM häkeln.

Schiebe die Kugel nun in das Häkelstück. Häkle direkt an der Kugel weiter.

20. Rd: *4 fM, 1 M abn*, von * bis * noch 5x wdh (= 30 M).

21. Rd: *3 fM, 1 M abn*, von * bis * noch 5x wdh (= 24 M).

22. Rd: *2 fM, 1 M abn*, von * bis * noch 5x wdh (= 18 M).

23. Rd: *1 fM, 1 M abn*, von * bis * noch 5x wdh (= 12 M).

Den Faden abschneiden, durch die vorderen M-Glieder der letzten Rd fädeln, festziehen und den Faden vernähen.

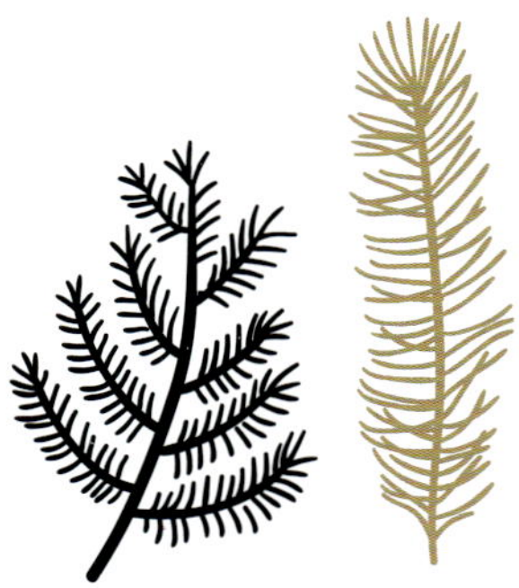

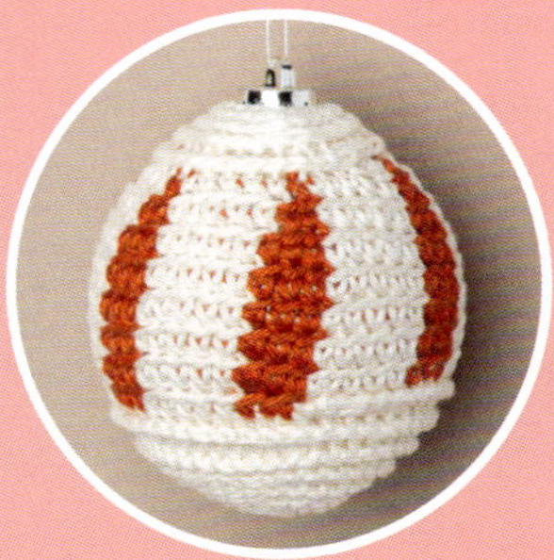

PFEFFERMINZ-BONBON-KUGEL

★★☆

Material

- Scheepjes Catona (100 % Baumwolle, LL 125 m/50 g) in Old Lace (Fb 130), 15 g Rust (Fb 388), ein Rest

ODER:

- Mercury (Fb 074) , 15 g Old Lace (Fb 130), ein Rest
- Filetgarn Gold als Beilaufgarn
- Häkelnadel Ø 2,5 mm
- Stopfnadel zum Vernähen
- Weihnachtskugel Ø 6 cm

Es wird in Spiral-Rd gehäkelt. Die Details werden später außen angehäkelt.

PFEFFERMINZBONBON-MUSTER (in Old Lace und Rust oder Old Lace und Mercury mit Beilaufgarn Gold)

Häkle in Rd. Beginne in Old Lace oder Mercury. Solltest du ein goldenes Beilaufgarn nutzen, führe dieses im Verlauf der Anleitung stets mit.

1. Rd: 6 fM in einen Fadenring häkeln (= 6 M).
2. Rd: 6x 1 M zun (= 12 M).
Ab den nächsten Rd werden alle M in die hinteren M-Glieder gehäkelt.
3. Rd: *1 fM ihM, 1 M zun ihM*, von * bis * noch 5x wdh (= 18 M).
4. Rd: *2 fM ihM, 1 M zun ihM*, von * bis * noch 5x wdh (= 24 M).
5. Rd: *3 fM ihM, 1 M zun ihM*, von * bis * noch 5x wdh (= 30 M).
6. Rd: *4 fM ihM, 1 M zun ihM*, von * bis * noch 5x wdh (= 36 M).
7. Rd: *5 fM ihM, 1 M zun ihM*, von * bis * noch 5x wdh (= 42 M).
8. Rd: *6 fM ihM, 1 M zun ihM*, von * bis * noch 5x wdh (= 48 M).
In den nächsten Rd folgen die Fb-Wechsel. Häkle in der angegebenen Farbe.
9.–14. Rd: *5 fM ihM in Old Lace oder Mercury, 3 fM ihM in Rust oder Old Lace*, von * bis * noch 5x wdh (= 48 M).
Achtung: Wenn du deine Kugel mit Gold als Beilaufgarn häkelst, arbeite Rd 9–14 nur mit insgesamt 5 Rd anstatt der angegebenen 6 Rd.
15. Rd: *5 fM ihM in Old Lace oder Mercury, 1 fM ihM in Rust oder Old Lace, 1 M abn ihM in Rust oder Old Lace*, von * bis * noch 5x wdh (= 42 M).
Stülpe die Arbeit über die Kugel, häkle direkt an dieser weiter.
16. Rd: *5 fM ihM in Old Lace oder Mercury, 1 M abn ihM in Rust oder Old Lace*, von * bis * noch 5x wdh (= 36 M).
Ab nächster Rd nur noch in Old Lace oder Mercury häkeln.
17. Rd: *4 fM ihM, 1 M abn ihM*, von * bis * noch 5x wdh (= 30 M).
18. Rd: *3 fM ihM, 1 M abn ihM*, von * bis * noch 5x wdh (= 24 M).
19. Rd: *2 fM ihM, 1 M abn ihM*, von * bis * noch 5x wdh (= 18 M).
20. Rd: *1 fM ihM, 1 M abn ihM*, von * bis * noch 5x wdh (= 12 M).
Den Faden abschneiden, durch die vorderen M-Glieder der letzten Rd fädeln, festziehen und die Öffnung schließen. Die letzte Rd sollte dabei fest an der Kappe der Kugel anliegen. Den Faden vernähen.
→ Bild 1–2

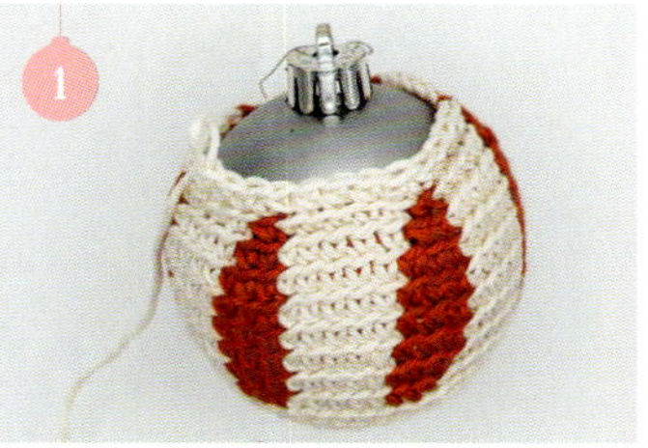
1

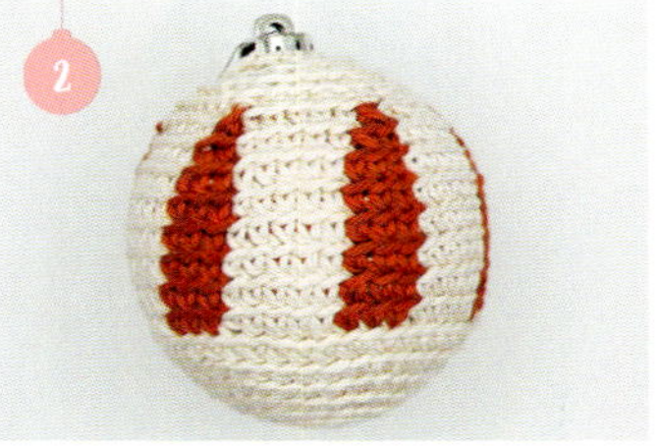
2

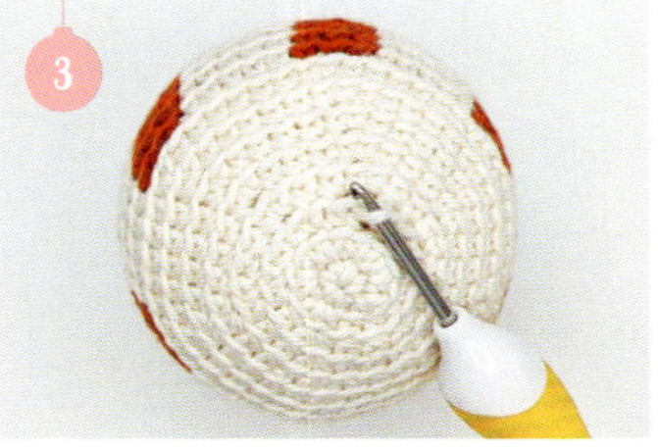
3

DETAILS (in Old Lace)

Schlinge den Faden ivM an Rd 3 der Kugel in Old Lace oder Mercury erneut an.
→ Bild 3

Stich von unten nach oben ein und häkle so lange Km in die vorderen M-Glieder der Kugel, bis du unterhalb der Streifen angelangt bist. Den Faden abschneiden und vernähen. Nimm noch einmal ivM aus Rd 19 auf, stich von unten nach oben ein. Häkle von oben herab, Km bis du auf der anderen Seite der roten Streifen angelangt bist. Den Faden abschneiden und vernähen.

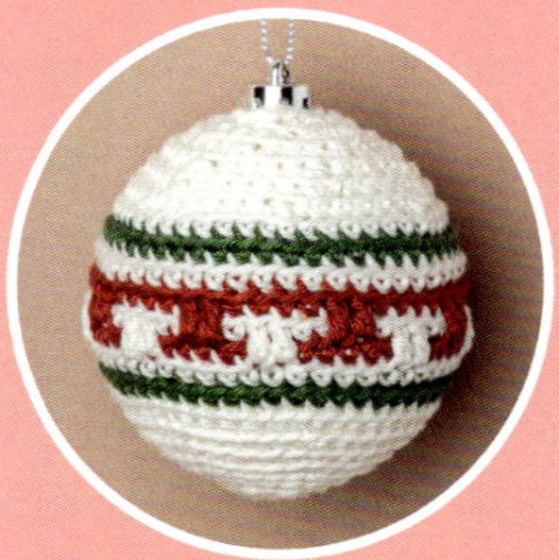

MOSAIK-MUSTER-KUGEL

★★☆

Material

- Schachenmayr Catania (100 % Baumwolle, LL 125 m/50 g) in
  Natur (Fb 105), 12 g
  Tannenbaum (Fb 419), ein Rest
  Bordeaux (Fb 425), ein Rest

ODER:

- Natur (Fb 105), 12 g
  Stein (Fb 242), ein Rest
  Nebel (Fb 424), ein Rest
- Häkelnadel Ø 2,0 mm
- Stopfnadel zum Vernähen
- Weihnachtskugel Ø 6 cm

Es wird in Spiral-Rd gearbeitet. Die Farbmuster entstehen durch die Overlay-Mosaik-Technik. Hierbei werden alle M ihM gehäkelt. Beim Entstehen des Musters werden tiefgestochene Stb jeweils in die vorderen M-Glieder der unteren Rd gehäkelt. Die Stb werden immer in derselben Farbe wie die aktuelle Rd gearbeitet. Du stichst also in die Rd ein, die zuletzt in der angegebenen Farbe gehäkelt wurde. Beim Mosaikhäkeln ist es zudem sinnvoll, immer eine Nadelstärke kleiner zu nehmen, als auf der Banderole angegeben ist, damit keine größeren Löcher zwischen den Mustern entstehen.

MOSAIK-MUSTER (in Natur, Tannenbaum, Bordeaux oder Natur, Stein und Nebel)

Häkle in Rd. Beginne in Natur.
1. Rd: 6 fM in einen Fadenring häkeln (= 6 M).
2. Rd: 6x 1 M zun ihM (= 12 M).
3. Rd: *1 fM ihM, 1 M zun ihM*, von * bis * noch 5x wdh (= 18 M).
4. Rd: *2 fM ihM, 1 M zun ihM*, von * bis * noch 5x wdh (= 24 M).
5. Rd: *3 fM ihM, 1 M zun ihM*, von * bis * noch 5x wdh (= 30 M).
6. Rd: *4 fM ihM, 1 M zun ihM*, von * bis * noch 5x wdh (= 36 M).
7. Rd: *5 fM ihM, 1 M zun ihM*, von * bis * noch 5x wdh (= 42 M).
8. Rd: *6 fM ihM, 1 M zun ihM*, von * bis * noch 5x wdh (= 48 M).
Fb-Wechsel zu Tannenbaum oder Stein.
9. Rd: 48 fM ihM häkeln.
Fb-Wechsel zu Bordeaux oder Nebel.
11. Rd: 48 fM ihM häkeln.
Fb-Wechsel zu Natur.
12. Rd: *2 fM ihM, 2x 1 tiefgestochenes Stb ivM der unteren Natur-Rd, 2 fM ihM*, von * bis * noch 7x wdh (= 48 M).
→ **Bild 1–2**

Fb-Wechsel zu Bordeaux oder Nebel.
13. Rd: *4 fM ihM, 2x 1 tiefgestochenes Stb ivM der unteren Bordeaux-/Nebel-Rd*, von * bis * noch 7x wdh (= 48 M).
Fb-Wechsel zu Natur.
14. Rd: 48 fM ihM häkeln.
Fb-Wechsel zu Tannenbaum oder Stein.
15. Rd: 48 fM ihM häkeln.
Fb-Wechsel zu Natur.
16. Rd: 48 fM ihM häkeln.

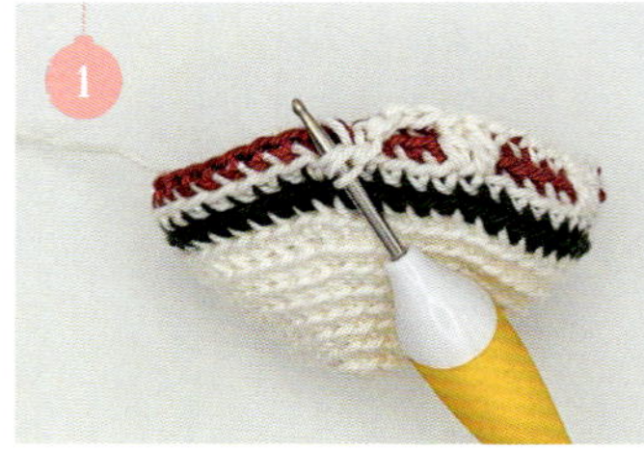

1

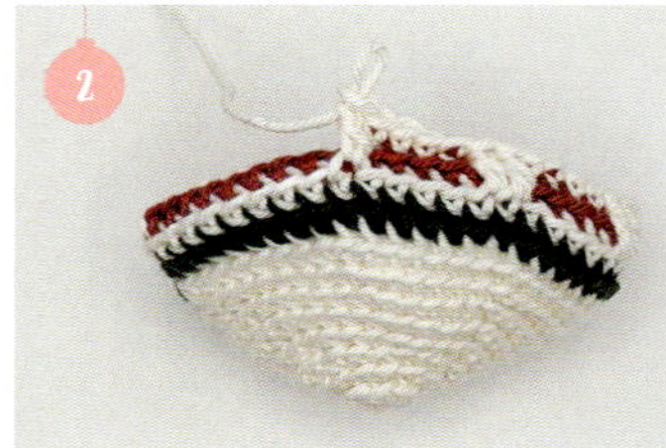

2

17. Rd: *6 fM ihM, 1 M abn ihM*, von * bis * noch 5x wdh (= 42 M).
Schiebe die Kugel in das Häkelstück und arbeite direkt an der Kugel weiter.
18. Rd: *5 fM ihM, 1 M abn ihM*, von * bis * noch 5x wdh (= 36 M).
19. Rd: *4 fM ihM, 1 M abn ihM*, von * bis * noch 5x wdh (= 30 M).
20. Rd: *3 fM ihM, 1 M abn ihM*, von * bis * noch 5x wdh (= 24 M).
21. Rd: *2 fM ihM, 1 M abn ihM*, von * bis * noch 5x wdh (= 18 M).
22. Rd: *1 fM ihM, 1 M abn ihM*, von * bis * noch 5x wdh (= 12 M).
Den Faden abschneiden, durch die vorderen M-Glieder der letzten Rd fädeln, festziehen und den Faden vernähen.

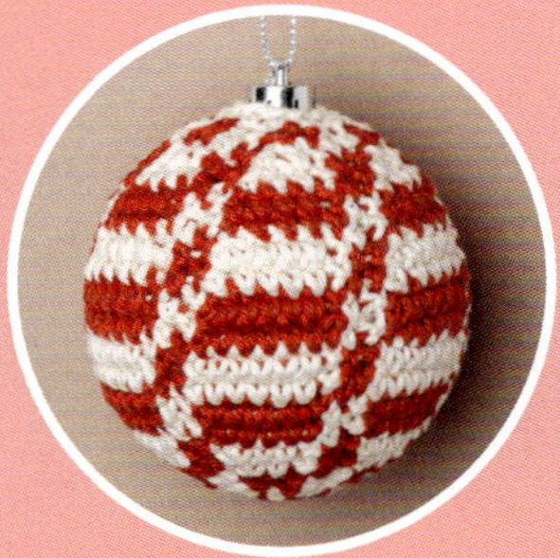

KARO-MUSTER-KUGEL

★★★

Material

- Schachenmayr Catania (100 % Baumwolle, LL 125 m/50 g) in Kirsche (Fb 424), 10 g Creme (Fb 130), 10 g

ODER:

- Stein (Fb 242), 10 g Creme (Fb 130), 10 g
- Häkelnadel Ø 2,5 mm
- Stopfnadel zum Vernähen
- Weihnachtskugel Ø 6 cm

Es wird in Spiral-Rd gehäkelt. Das Muster entsteht durch den stetigen Farbwechsel. Den Faden der jeweils anderen Farbe dabei stetig hinter dem Arbeitsfaden mitführen. Um einen sauberen Farbwechsel zu gewährleisten, folge dazu der Anleitung zum unsichtbaren Farbwechsel im Grundlagenteil.

KARO-MUSTER (in Kirsche und Creme oder Stein und Creme)
Häkle in Rd. Beginne in Kirsche oder Stein.

1. Rd: 6 fM in einen Fadenring häkeln (= 6 M).
2. Rd: 6x 1 M zun (= 12 M).
Fb-Wechsel zu Creme.
3. Rd: *1 fM, 1 M zun*, von * bis * noch 5x wdh (= 18 M).
Achte ab der folgenden Rd darauf, immer in der jeweils angegebenen Farbe zu häkeln.
4. Rd: *2 fM in Kirsche oder Stein, 1 M zun in Creme*, von * bis * noch 5x wdh (= 24 M).
5. Rd: *1 fM u. 1 M zun in Kirsche oder Stein, 2 fM in Creme*, von* bis* noch 5x wdh (= 30 M).
6. Rd: *2 fM u. 1 M zun in Creme, 2 fM in Kirsche oder Stein*, von* bis* noch 5x wdh (= 36 M).
7. Rd: *3 fM u. 1 M zun in Creme, 2 fM in Kirsche oder Stein*, von* bis* noch 5x wdh (= 42 M).
8. Rd: *4 fM und 1 M zun in Kirsche oder Stein, 2 fM in Creme, von * bis * noch 5x wdh (= 48 M).
9. Rd: *5 fM und 1 M zun in Kirsche oder Stein, 2 fM in Creme*, von * bis * noch 5x wdh (= 54 M).
→ **Bild 1**

10.–11. Rd: *7 fM in Creme, 2 fM in Kirsche oder Stein*, von * bis * noch 5x wdh (= 54 M).
12.–13. Rd: *7 fM in Kirsche oder Stein, 2 fM in Creme*, von * bis * noch 5x wdh (= 54 M).
14. Rd: *5 fM und 1 M abn in Creme, 2 fM in Kirsche oder Stein*, von * bis * noch 5x wdh (= 48 M).
15. Rd: *6 fM in Creme, 2 fM in Kirsche oder Stein*, von * bis * noch 5x wdh (= 48 M).
16. Rd: *4 fM und 1 M abn in Kirsche oder Stein, 2 fM in Creme*, von * bis * noch 5x wdh (= 42 M).
17. Rd: *5 fM in Kirsche oder Stein, 2 fM in Creme*, von * bis * noch 5x wdh (= 42 M).
Stülpe die Kugel nun in das Häkelstück.
→ **Bild 2**

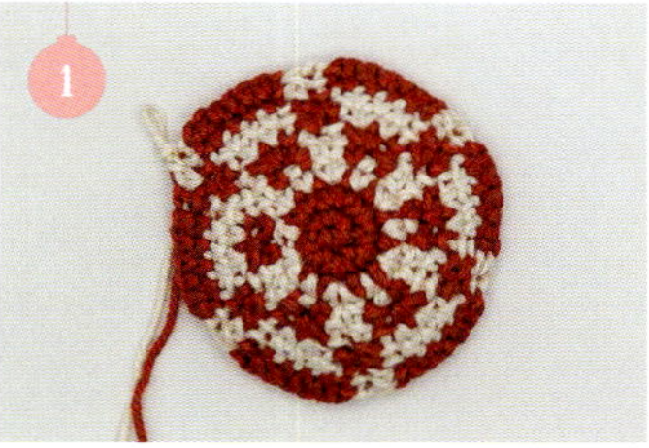
1

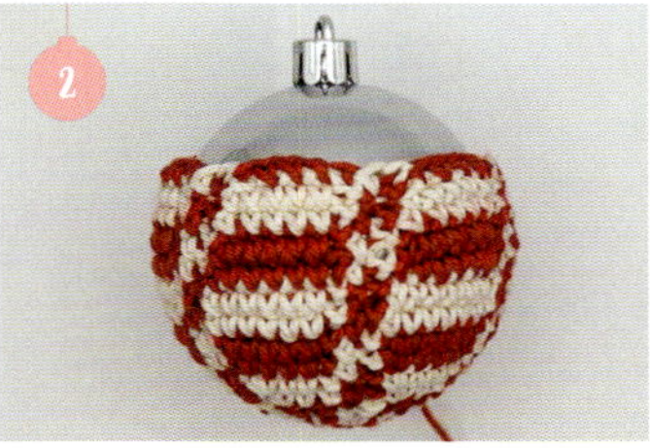
2

Arbeite wie folgt weiter:
18. Rd: *3 fM und 1 M abn in Creme, 2 fM in Kirsche oder Stein*, von* bis* noch 5x wdh (= 36 M).
19. Rd: *2 fM und 1 M abn in Creme, 2 fM in Kirsche oder Stein*, von* bis* noch 5x wdh (= 30 M).
20. Rd: *1 fM und 1 M abn in Kirsche, 2 fM in Creme*, von* bis* noch 5x wdh (= 24 M).
21. Rd: *1 M abn in Kirsche, 2 fM in Creme*, von * bis * noch 5x wdh (= 18 M).
22. Rd: * 1 fM u. 1 M abn in Creme*, von * bis * noch 5x wdh (= 12 M).
Den Faden abschneiden, durch die vorderen M-Glieder der letzten Rd fädeln, festziehen und den Faden vernähen.

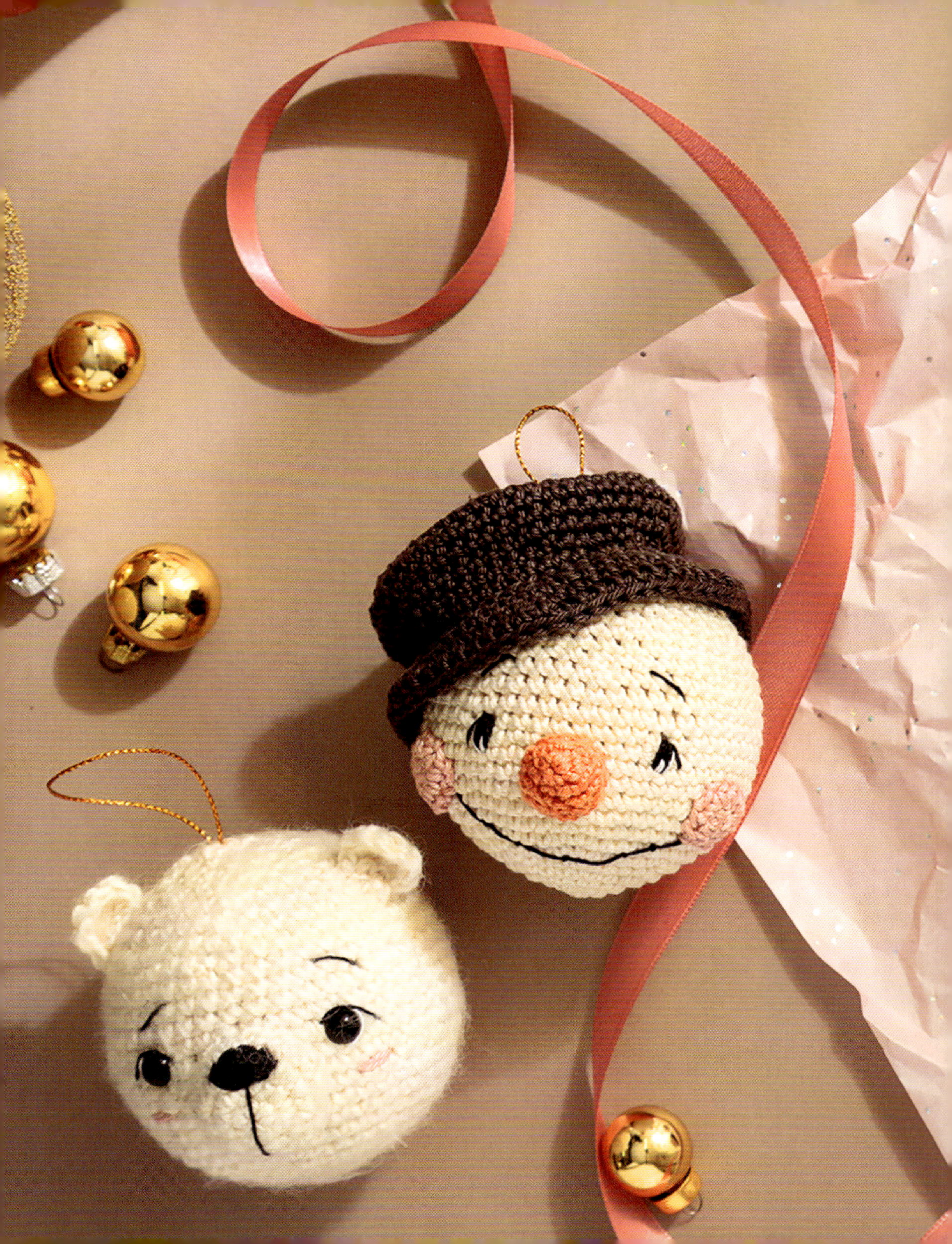

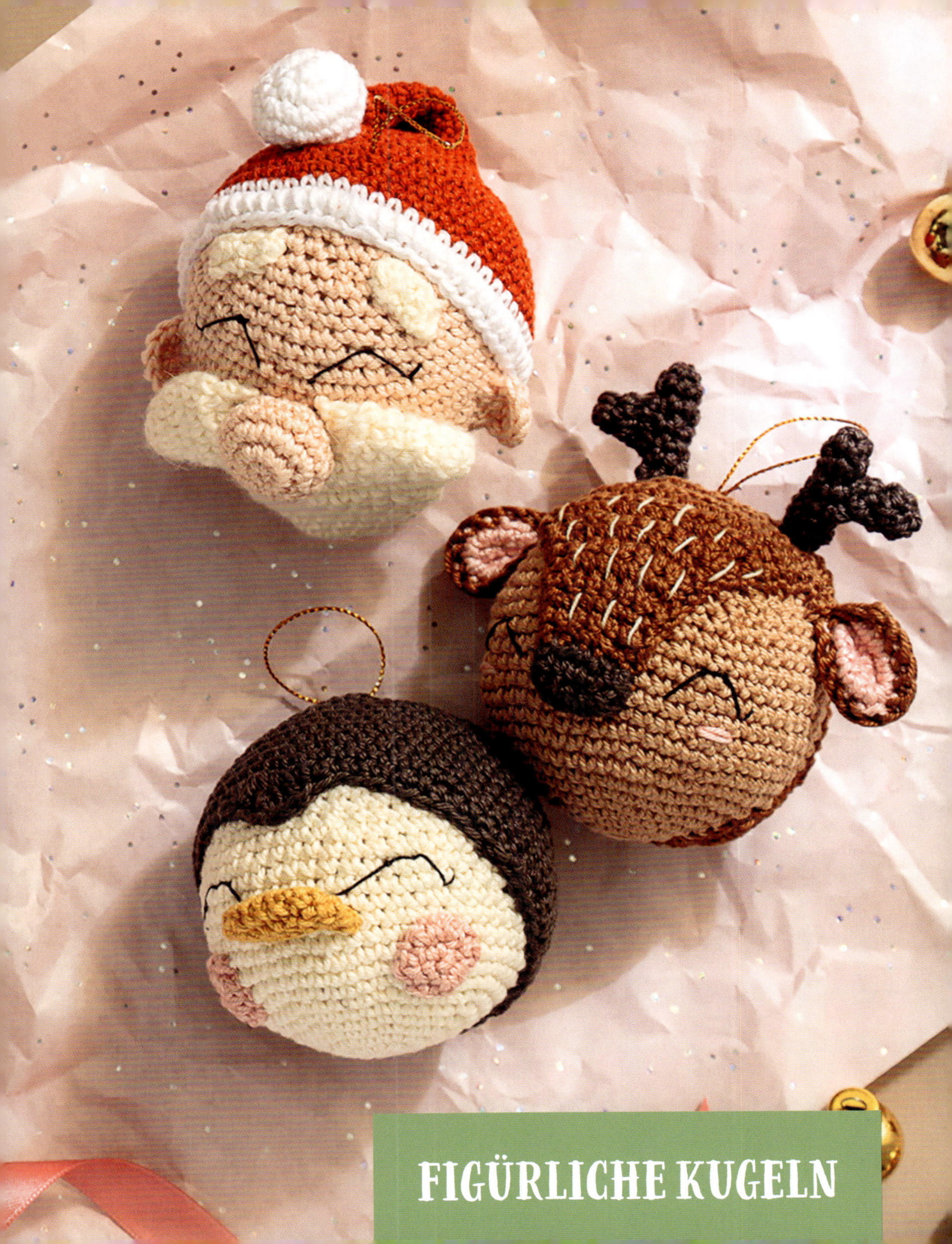

FIGÜRLICHE KUGELN

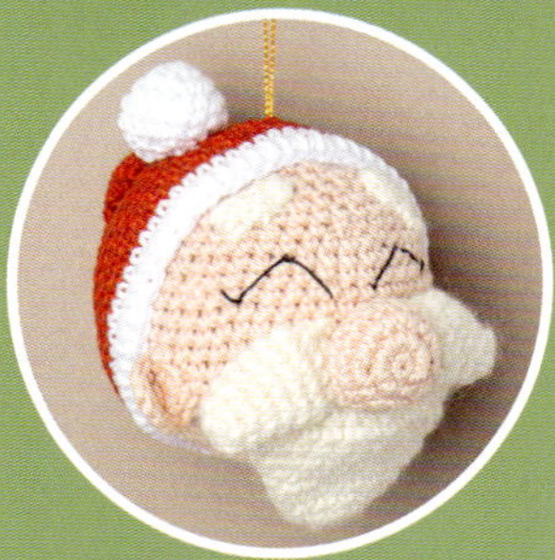

WEIHNACHTS-MANN-KUGEL

★★☆

Material

- Schachenmayr Catania (100 % Baumwolle, LL 125 m/50 g) in
  Creme (Fb 130), 15 g
  Weiß (Fb 106), 10 g
  Rosé Gold (Fb 433), 30 g
  Terracotta (Fb 388), 15 g
- Filetgarn in Schwarz
- Mohair Beige als Beilaufgarn, 10 g
- Häkelnadel Ø 2,5 mm
- Stopfnadel zum Vernähen
- Bastel-Weihnachtskugel aus Pappe Ø 6,5–7 cm
- Stecknadeln
- Füllwatte

Es wird in Spiral-Rd gehäkelt. Einzelteile werden später angenäht.

KOPF (in Rosé Gold)
Häkle in Rd. Den Kopf nicht mit Füllwatte ausstopfen.
1. Rd: 7 fM in einen Fadenring häkeln (= 7 M).
2. Rd: 7x 1 M zun (= 14 M).
3. Rd: *1 fM, 1 M zun*, von * bis * noch 6x wdh (= 21 M).
4. Rd: *2 fM, 1 M zun*, von * bis * noch 6x wdh (= 28 M).
5. Rd: *3 fM, 1 M zun*, von * bis * noch 6x wdh (= 35 M).
6. Rd: *4 fM, 1 M zun*, von * bis * noch 6x wdh (= 42 M).
7. Rd: *5 fM, 1 M zun*, von * bis * noch 6x wdh (= 49 M).
8.–17. Rd: 49 fM häkeln.
18. Rd: *5 fM, 1 M abn*, von * bis * noch 6x wdh (= 42 M).
19.–20. Rd: 42 fM häkeln.
21. Rd: *4 fM, 1 M abn*, von * bis * noch 6x wdh (= 35 M).
22.–23. Rd: 35 fM häkeln.
Stülpe die Arbeit über die Kugel. Die Schnur zeigt oben heraus. Häkle direkt an der Kugel weiter.
24. Rd: *3 fM, 1 M abn*, von * bis * noch 6x wdh (= 28 M).
25. Rd: 28 fM häkeln.
26. Rd: *2 fM, 1 M abn*, von * bis * noch 6x wdh (= 21 M).
27. Rd: *1 fM, 1 M abn*, von * bis * noch 6x wdh (= 14 M).
28. Rd: 7x 1 M abn (= 7 M).
Die Schnur der Kugel sollte nun mittig durch die letzte Rd zeigen. Den Faden abschneiden, durch die vorderen M-Glieder der letzten Rd fädeln, festziehen und vernähen.

NASE (in Rosé)
Häkle in Rd. Die Nase fortlaufend mit Füllwatte ausstopfen.
1. Rd: 6 fM in einen Fadenring häkeln (= 6 M).
2. Rd: 6x 1 M zun (= 12 M).
3. Rd: *1 fM, 1 M zun*, von * bis * noch 5x wdh (= 18 M).
4. – 5. Rd: 18 fM häkeln.
6. Rd: *1 fM, 1 M abn*, von * bis * noch 5x wdh (= 12 M).
Abketten und den Faden lang abschneiden. Die Nase über Rd 13–18 am Kopf festnähen.

OHREN (2x in Rosé Gold)
Häkle in Rd.
1. Rd: 6 fM in einen Fadenring häkeln (= 6 M).
2. Rd: 6x 1 M zun (= 12 M).
Abketten, den Faden lang abschneiden und die Ohren 7 fM neben der Nase festnähen.
➞ **Bild 1**

BART (in Creme und Mohair als Beilaufgarn)
Häkle in Rd. Den Bart nicht mit Füllwatte ausstopfen.
Lege den Faden des Mohairgarns als Beilaufgarn direkt neben den Arbeitsfaden.
1. Rd: 6 fM in einen Fadenring häkeln (= 6 M).
2. Rd: 6x 1 M zun (= 12 M).
3. Rd: *4 fM, 2x 1 M zun*, von * bis * noch 1x wdh (= 16 M).
4. Rd: 16 fM häkeln.
5. Rd: *6 fM, 2x 1 M zun*, von * bis * noch 1x wdh (= 20 M).
6. Rd: 20 fM häkeln.
7. Rd: *8 fM, 2x 1 M zun*, von * bis * noch 1x wdh (= 24 M).
8. Rd: *10 fM, 2x 1 M zun*, von * bis * noch 1x wdh (= 28 M).
9. Rd: *12 fM, 2x 1 M zun*, von * bis * noch 1x wdh (= 32 M).
Häkle ca. 12 fM weiter bis zur nächsten Kante. Das Ende falten, durch beide Seiten der letzten Rd stechen und dieses mit 16 fM zusammenhäkeln. Den Faden lang abschneiden und den Bart unter der Nase festnähen.

SCHÄUZER (2x in Creme und Mohair als Beilaufgarn)
Häkle in Rd. Den Schnäuzer nicht mit Füllwatte ausstopfen.
Lege dir den Faden des Mohairgarns als Beilaufgarn direkt neben den Arbeitsfaden.
1. Rd: 6 fM in einen Fadenring häkeln (= 6 M).
2. Rd: 6 fM häkeln.
3. Rd: 2 fM, 2x 1 M zun, 2 fM (= 8 M).
4. Rd: 8 fM häkeln.
5. Rd: 3 fM, 2x 1 M zun, 3 fM (= 10 M).

6.–7. Rd: 10 fM häkeln.
Das Ende falten, durch beide Seiten der letzten Rd stechen und diese mit 5 fM zusammen häkeln. Den Faden lang abschneiden. Die Teile des Schnäuzers je links und rechts neben der Nase festnähen. Die zun zeigen dabei nach oben.
→ **Bild 2**

GESICHT FERTIGSTELLEN

Sticke die Augen mit schwarzem Filetgarn 1 Rd über der Nase, über 5 fM breit und mit 3 fM Abstand dazwischen auf. Ziehe den Faden mit einer Schlaufe 2 Rd nach oben. Den Wimpernabschluss über 1 fM breit direkt neben den Augen sticken. Eine bebilderte Anleitung findest du auf Seite 15.

AUGENBRAUEN (2x in Creme und Mohair-Beilaufgarn)

Häkle in R.
Schlage 5 Lm an, stich in die 2. Lm von der Nd aus ein und häkle 4 fM entlang der Lm-Kette. Den Faden lang abschneiden. Die Augenbrauen 1 Rd über den Augen, schräg nach oben, festnähen.

MÜTZE (in Terracotta und Weiß)

Häkle in Rd. Die Mütze nicht mit Füllwatte ausstopfen. Beginne in Terracotta.
1. Rd: 6 fM in einen Fadenring häkeln (= 6 M).
2. Rd: 6x 1 M zun (= 12 M).
3.–6. Rd: 12 fM häkeln.
7. Rd: *4 fM, 2x 1 M zun*, von * bis * noch 1x wdh (= 16 M).
8.–9. Rd: 16 fM häkeln.
10. Rd: *6 fM, 2x 1 M zun*, von * bis * noch 1x wdh (= 20 M).
11. Rd: 20 fM häkeln.
12. Rd: *8 fM, 2x 1 M zun*, von * bis * noch 1x wdh (= 24 M).
13. Rd: *10 fM, 2x 1 M zun*, von * bis * noch 1x wdh (= 28 M).
14. Rd: 28 fM häkeln.
15. Rd: *12 fM, 2x 1 M zun*, von *

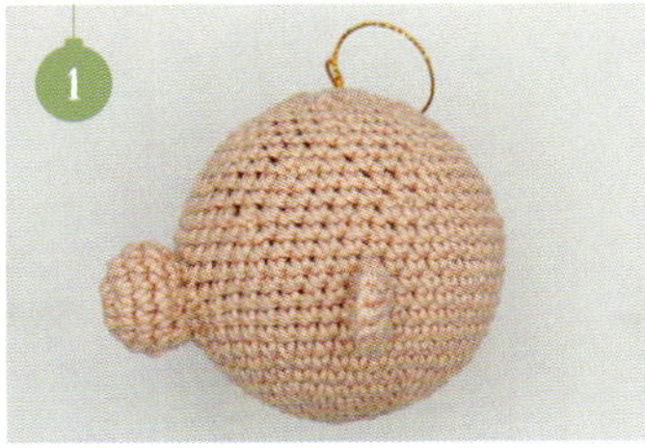

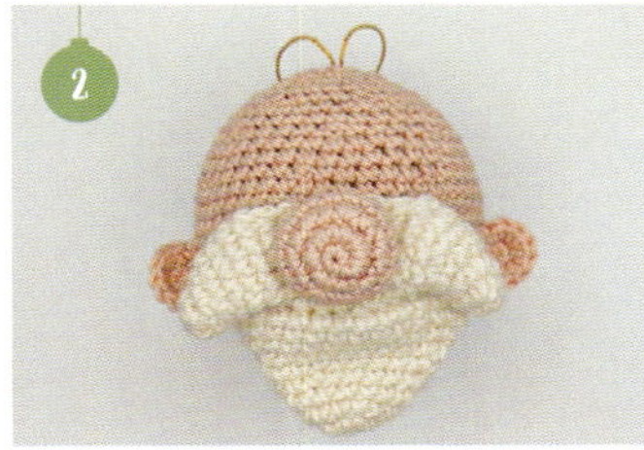

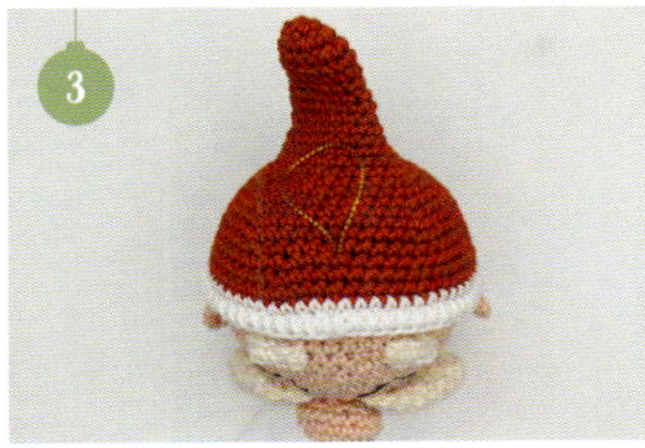

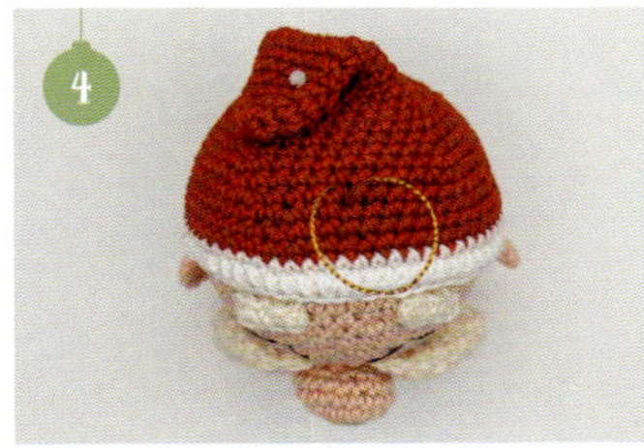

bis * noch 1x wdh (= 32 M).
16. Rd: *14 fM, 2x 1 M zun*, von * bis * noch 1x wdh (= 36 M).
17. Rd: *8 fM, 1 M zun*, von * bis * noch 3x wdh (= 40 M).
18. Rd: *9 fM, 1 M zun*, von * bis * noch 3x wdh (= 44 M).
19. Rd: *10 fM, 1 M zun*, von * bis* noch 3x wdh (= 48 M).
20. Rd: *11 fM, 1 M zun*, von * bis* noch 3x wdh (= 52 M).
21. Rd: *12 fM, 1 M zun*, von * bis* noch 3x wdh (= 56 M).
22. Rd: *13 fM, 1 M zun*, von * bis* noch 3x wdh (= 60 M).
23. Rd: *14 fM, 1 M zun*, von * bis* noch 3x wdh (= 64 M).
24. Rd: 64 fM häkeln.
Fb-Wechsel zu Weiß.
25. Rd: 64 fM häkeln.
26. Rd: *14 fM, 1 M abn*, von * bis* noch 3x wdh (= 60 M).
27. Rd: 64 tiefgestochene fM häkeln (= 64 M).

TIPP: **Für tiefgestochene fM eine Rd tiefer einstechen. Rd 27 nicht in die M der Vorrunde, sondern eine Rd darunter (Rd 25) einstechen.**

Abketten, den Faden lang abschneiden. Ziehe die Mütze über den Kopf der Figur. Fädle die Schnur der Kugel mithilfe der Häkelnadel 3 Rd über dem Mützenrand nach außen. Die Schnur sollte dann mittig, auf Höhe der Nase aus der Mütze herausragen.
→ **Bild 3**

Nähe die Mütze am Kopf fest. Drücke anschließend den Zipfel leicht schräg nach vorne und nähe ihn mit einem Restfaden in Terracotta fest.
→ **Bild 4**

BOMMEL (in Weiß)

Häkle in Rd. Den Bommel fortlaufend mit Füllwatte ausstopfen.
1. Rd: 6 fM in einen Fadenring häkeln (= 6 M).
2. Rd: 6x 1 M zun (= 12 M).
3. Rd: *1 fM, 1 M zun*, von * bis * noch 5x wdh (= 18 M).
4.–5. Rd: 18 fM häkeln.
6. Rd: *1 fM, 1 M abn*, von * bis * noch 5x wdh (= 12 M).
7. Rd: 6x 1 M abn (= 6 M).
Den Faden lang abschneiden, durch die vorderen M-Glieder der letzten Rd fädeln, festziehen. Bommel direkt am Mützenzipfel festnähen.

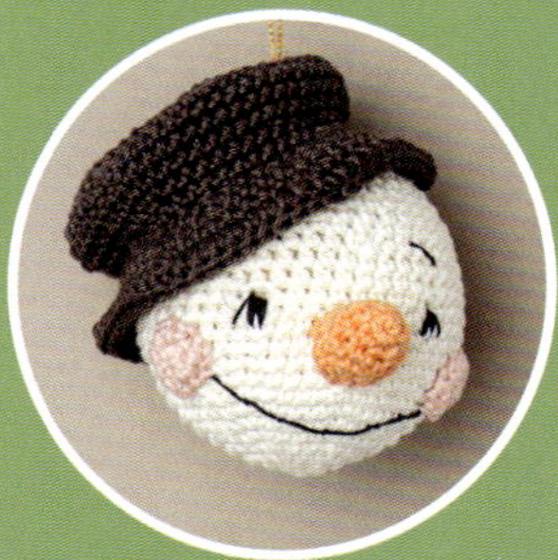

SCHNEEMANN-KUGEL

★★☆

Material

- Schachenmayr Catania (100 % Baumwolle, LL 125 m/50 g) in Creme (Fb 130), 15 g Scampi (Fb 427), 8 g Altrosa (Fb 408), ein Rest Zartbitter (Fb 415), 15 g
- Filetgarn in Schwarz und Weiß
- Häkelnadel Ø 2,5 mm
- Stopfnadel zum Vernähen
- Bastel-Weihnachtskugel aus Pappe Ø 6,5–7 cm
- Stecknadeln
- Füllwatte

Es wird in Spiral-Rd gehäkelt. Einzelteile werden später angenäht.

KOPF (in Creme)
Häkle in Rd. Den Kopf nicht mit Füllwatte ausstopfen.
1. Rd: 7 fM in einen Fadenring häkeln (= 7 M).
2. Rd: 7x 1 M zun (= 14 M).
3. Rd: *1 fM, 1 M zun*, von * bis * noch 6x wdh (= 21 M).
4. Rd: *2 fM, 1 M zun*, von * bis * noch 6x wdh (= 28 M).
5. Rd: *3 fM, 1 M zun*, von * bis * noch 6x wdh (= 35 M).
6. Rd: *4 fM, 1 M zun*, von * bis * noch 6x wdh (= 42 M).
7. Rd: *5 fM, 1 M zun*, von * bis * noch 6x wdh (= 49 M).
8.–17. Rd: 49 fM häkeln.
18. Rd: *5 fM, 1 M abn*, von * bis * noch 6x wdh (= 42 M).
19.–20. Rd: 42 fM häkeln.
21. Rd: *4 fM, 1 M abn*, von * bis * noch 6x wdh (= 35 M).
22.–23. Rd: 35 fM häkeln.
Stülpe die Arbeit nun über deine Kugel. Die Schnur zeigt dabei oben heraus. Häkle direkt an der Kugel weiter.
24. Rd: *3 fM, 1 M abn*, von * bis * noch 6x wdh (= 28 M).
25. Rd: 28 fM häkeln.
26. Rd: *2 fM, 1 M abn*, von * bis * noch 6x wdh (= 21 M).
27. Rd: *1 fM, 1 M abn*, von * bis * noch 6x wdh (= 14 M).
28. Rd: 7x 1 M abn (= 7 M).
Die Schnur der Kugel sollte nun mittig durch die letzte Rd zeigen. Den Faden abschneiden, durch die vorderen M-Glieder der letzten Rd fädeln, festziehen und vernähen.

NASE (in Scampi)
Häkle in Rd. Die Nase fortlaufend mit Füllwatte ausstopfen.
1. Rd: 6 fM in einen Fadenring häkeln (= 6 M).
2. Rd: *1 fM, 1 M zun*, von * bis * noch 2x wdh (= 9 M).
3.–4. Rd: 9 fM häkeln.
5. Rd: *2 fM, 1 M zun*, von * bis * noch 2x wdh (= 12 M).

1
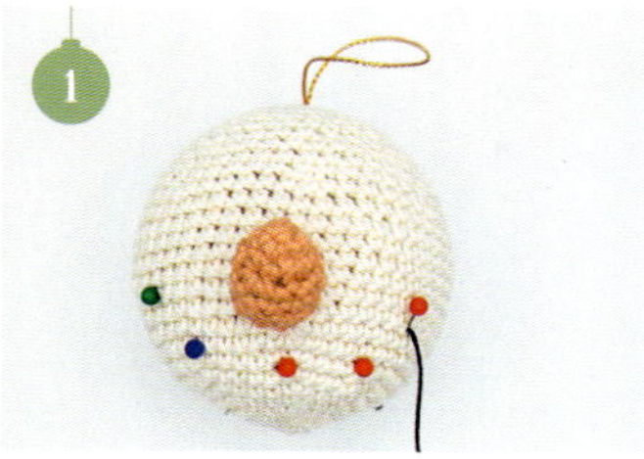

2
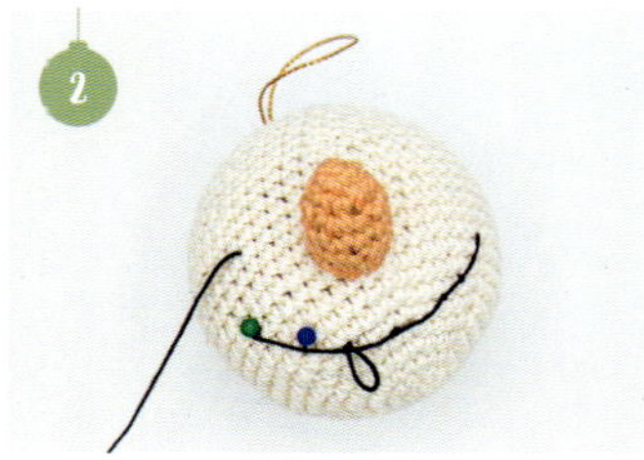

3
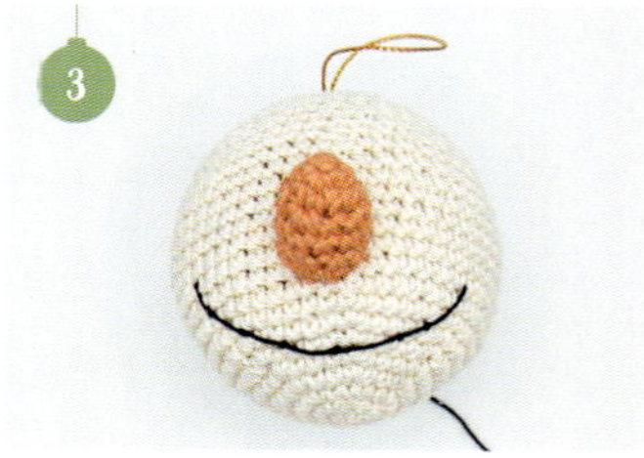

Abketten und den Faden lang abschneiden. Die Nase über Rd 10–14 am Kopf festnähen.

GESICHT FERTIGSTELLEN
Den Mund in schwarzem Filetgarn über 14 fM breit und 3 Rd hoch sticken, diesen anschließend mit mehreren Schlaufen fixieren.
➞ Bild 1–3

Die Augen ebenso in Schwarz 3 fM neben der Nase über 2 fM hoch sticken, 8x einstechen. Das Augenweiß in weißem Filetgarn direkt neben den Augen und den Lichtreflex mittig in den Augen sticken. Den Lidstrich in schwarzem Filetgarn direkt über den Augen anbringen. Die Augenbrauen mit dem gleichen Faden 2 Rd über den Augen über 1 Rd hoch und 2 fM breit sticken.

WANGEN (2x in Altrosa)
Häkle in Rd.
1. Rd: 6 fM in einen Fadenring häkeln (= 6 M).
2. Rd: *1 fM, 1 M zun*, von * bis * noch 2x wdh (= 9 M).
Abketten, den Faden lang abschneiden. Die Wangen 2 fM neben

den Augen und mit 5 fM Abstand zur Nase, direkt auf den Mundwinkeln festnähen.

HUT (in Zartbitter)

Häkle in Rd. Den Hut nicht mit Füllwatte ausstopfen.

1. Rd: 6 fM in einen Fadenring häkeln (= 6 M).
2. Rd: 6x 1 M zun (= 12 M).
3. Rd: *1 fM, 1 M zun*, von * bis * noch 5x wdh (= 18 M).
4. Rd: *2 fM, 1 M zun*, von * bis * noch 5x wdh (= 24 M).
5. Rd: *3 fM, 1 M zun*, von * bis * noch 5x wdh (= 30 M).
6. Rd: *4 fM, 1 M zun*, von * bis * noch 5x wdh (= 36 M).
7. Rd: *5 fM, 1 M zun*, von * bis * noch 5x wdh (= 42 M).
8. Rd: *6 fM, 1 M zun*, von * bis * noch 5x wdh (= 48 M).
9. Rd: *7 fM, 1 M zun*, von * bis * noch 5x wdh (= 54 M).
10. Rd: 54 fM ihM häkeln.
11.–13. Rd: 54 fM häkeln.
14. Rd: *7 fM, 1 M abn*, von * bis * noch 5x wdh (= 48 M).
15. Rd: 48 fM häkeln.
16. Rd: 48 fM ivM häkeln.
17. Rd: *7 fM, 1 M zun*, von * bis * noch 5x wdh (= 54 M).
18. Rd: *8 fM, 1 M zun*, von * bis * noch 5x wdh (= 60 M).
19. Rd: *9 fM, 1 M zun*, von * bis * noch 5x wdh (= 66 M).
20. Rd: 60 tiefgestochene fM häkeln (= 60 M).

Achtung: Tiefgestochene fM werden auf dieselbe Art gehäkelt wie übliche fM. Hier wird lediglich nicht in die nächste fM der Vorrunde eingestochen, sondern eine Rd darunter. Im Fall von Rd 20 häkelst du also nicht in die M aus Rd 19, sondern in die aus Rd 18.

Abketten und den Faden lang abschneiden. Fädle den Faden anschließend durch das Innere zurück zu Rd 16 des Huts (hier beginnt der Hutrand, dort wird später festgenäht). Fixiere den Hut nun mit Stecknadeln etwas schräg am Kopf. Der Hut wird nicht mit Füllwatte ausgestopft. Nähe ihn nun entlang der 16. Rd am Kopf fest (der Rand sollte nicht komplett festgenäht werden, sondern locker am Kopf sitzen). Während dem Festnähen ragt der Anhänger der Kugel unten aus dem Hut heraus. Wenn alles fest ist, den Anhänger mithilfe des Hakens der Häkelnadel zwischen Rd 6 und 7 des Huts (parallel über der Nase) nach außen ziehen. Alternativ kann hier auch eine neue Schnur befestigt werden.

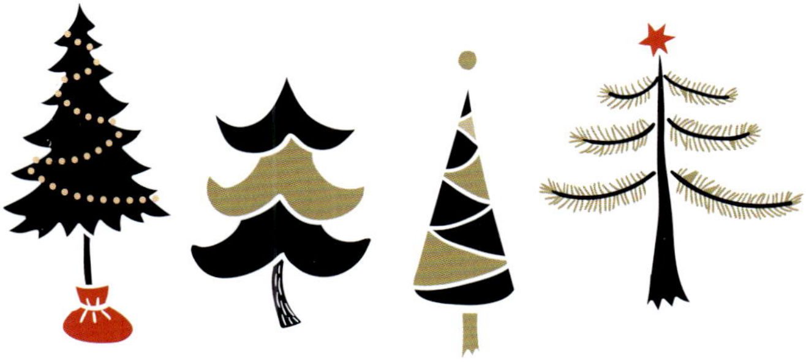

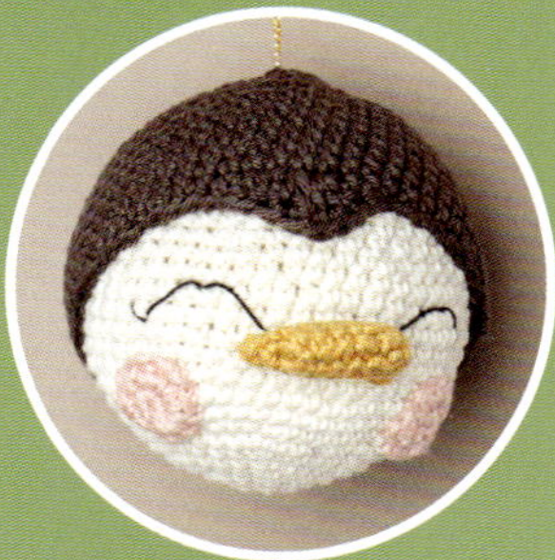

PINGUIN-KUGEL

★☆☆

Material

- Schachenmayr Catania (100 % Baumwolle, LL 125 m/50 g) in Creme (Fb 130), 20 g Zartbitter (Fb 415), 15 g Curry (Fb 431), 5 g Altrosa (Fb 408), ein Rest
- Häkelnadel Ø 2,5 mm
- Stopfnadel zum Vernähen
- Bastel-Weihnachtskugel aus Pappe Ø 6,5–7 cm
- Filetgarn in Schwarz
- Stecknadeln

Es wird in Spiral-Rd gehäkelt. Einzelteile werden später angenäht.

KOPF (in Creme)

Häkle in Rd. Den Kopf nicht mit Füllwatte ausstopfen.

1. Rd: 7 fM in einen Fadenring häkeln (= 7 M).

2. Rd: 7x 1 M zun (= 14 M).

3. Rd: *1 fM, 1 M zun*, von * bis * noch 6x wdh (= 21 M).

4. Rd: *2 fM, 1 M zun*, von * bis * noch 6x wdh (= 28 M).

5. Rd: *3 fM, 1 M zun*, von * bis * noch 6x wdh (= 35 M).

6. Rd: *4 fM, 1 M zun*, von * bis * noch 6x wdh (= 42 M).

7. Rd: *5 fM, 1 M zun*, von * bis * noch 6x wdh (= 49 M).

8.–17. Rd: 49 fM häkeln.

18. Rd: *5 fM, 1 M abn*, von * bis * noch 6x wdh (= 42 M).

19.–20. Rd: 42 fM häkeln.

21. Rd: *4 fM, 1 M abn*, von * bis * noch 6x wdh (= 35 M).

22. –23. Rd: 35 fM häkeln.

Stülpe die Arbeit über die Kugel. Die Schnur zeigt oben heraus. Häkle direkt an der Kugel weiter.

24. Rd: *3 fM, 1 M abn*, von * bis * noch 6x wdh (= 28 M).

25. Rd: 28 fM häkeln.

26. Rd: *2 fM, 1 M abn*, von * bis * noch 6x wdh (= 21 M).

27. Rd: *1 fM, 1 M abn*, von * bis * noch 6x wdh (= 14 M).

28. Rd: 7x 1 M abn (= 7 M).

Die Schnur der Kugel sollte nun mittig durch die letzte Rd zeigen. Den Faden abschneiden, durch die vorderen M-Glieder der letzten Rd fädeln, festziehen und vernähen.

HAUBE (in Zartbitter)

Häkle in Rd. Die Haube nicht mit Füllwatte ausstopfen.

1.–7. Rd: Wdh. Rd 1–7 des Kopfes (= 49 M).

8. Rd: *6 fM, 1 M zun*, von * bis * noch 6x wdh (= 56 M).

9. – 17. Rd: 56 fM häkeln.

18. Rd: 25 fM, 2 hStb, 2 Stb in eine M, 2 Stb in eine M, 2 hStb, 25 fM (= 58 M).

Abketten, den Faden lang abschneiden. Ziehe die Aufhängung zwischen Rd 6 und 7 der Haube nach außen. Die Haube über den Kopf stülpen, mit Stecknadeln fixieren und festnähen.

SCHNABEL (in Curry)

Häkle in Rd. Den Schnabel nicht ausstopfen.

Schlage 6 Lm an, stich in die 2. Lm von der Nd aus ein und häkle wie folgt um die Lm-Kette herum:

1. Rd: 4 fM, 3 fM in eine M, weiter auf der anderen Seite der Lm-Kette, 3 fM, 1 M zun (= 12 M).

2. Rd: *1 M zun, 5 fM*, von * bis * noch 1x wdh (= 14 M).

3. Rd: *1 M zun, 6 fM*, von * bis * noch 1x wdh (= 16 M).

Häkle zwei weitere fM. Das Ende falten und mit 8 fM zusammenhäkeln. Den Faden lang abschneiden und den Schnabel zwischen Rd 11 und 12 des Kopfs festnähen.

GESICHT FERTIGSTELLEN

Sticke die Augen über 5 fM breit und mit 5 fM Abstand dazwischen mit schwarzem Filetgarn direkt über dem Schnabel auf. Ziehe die Augen anschließend mit einer Schlaufe 2 Rd nach oben.

Die Wimpern ebenso in Schwarz über 1 fM breit direkt neben den Augen sticken.

Eine bebilderte Anleitung findest du auf Seite 15.

WANGEN (2x in Altrosa)

Häkle in Rd.

1. Rd: 6 fM in einen Fadenring häkeln (= 6 M).

2. Rd: 6x 1 M zun (= 12 M).

Abketten, den Faden lang abschneiden und die Wangen eine Rd unter den Augen und mit 2 fM Abstand zum Schnabel festnähen.

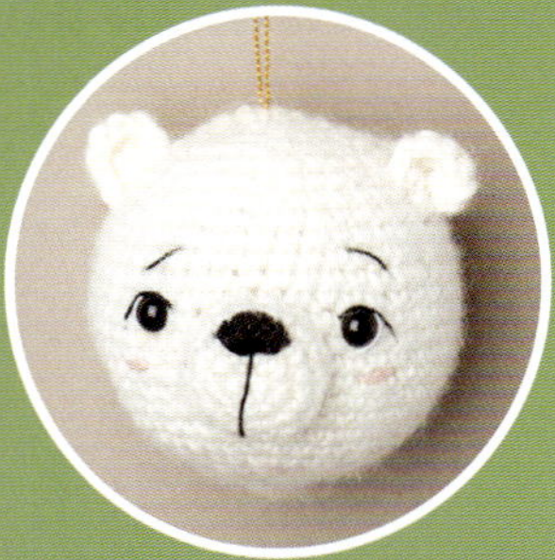

EISBÄR-KUGEL

★☆☆

Material

- Schachenmayr Catania (100 % Baumwolle, LL 125 m/50 g) in Creme (Fb 130), 25 g Altrosa (Fb 408), ein Rest Mohair Weiß als Beilaufgarn, ca. 10 g
- Filetgarn in Schwarz und Weiß
- Tieraugen, Plastik-Halbperlen Ø 8 mm
- Häkelnadel Ø 2,5 mm
- Schmuckkleber
- Stopfnadel zum Vernähen
- Bastel-Weihnachtskugel aus Pappe Ø 6,5–7 cm
- Stecknadeln
- Kamm oder Fellbürste
- Füllwatte

Es wird in Spiral-Rd gehäkelt. Einzelteile werden später angenäht. Das Mohairgarn wird stets als Beilauffaden während des Häkelns mitgeführt.

KOPF (in Creme und Mohair Weiß)
Häkle in Rd. Den Kopf nicht mit Füllwatte ausstopfen.

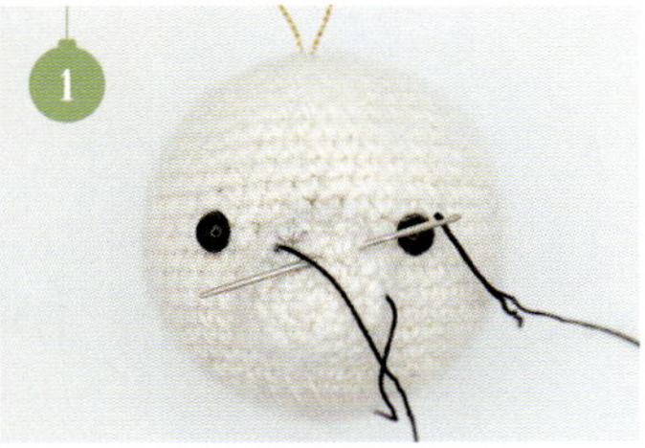

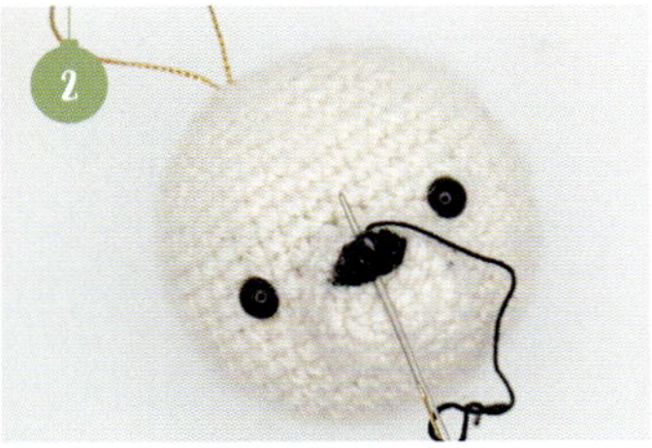

1. Rd: 7 fM in einen Fadenring häkeln (= 7 M).
2. Rd: 7x 1 M zun (= 14 M).
3. Rd: *1 fM, 1 M zun*, von * bis * noch 6x wdh (= 21 M).
4. Rd: *2 fM, 1 M zun*, von * bis * noch 6x wdh (= 28 M).
5. Rd: *3 fM, 1 M zun*, von * bis * noch 6x wdh (= 35 M).
6. Rd: *4 fM, 1 M zun*, von * bis * noch 6x wdh (= 42 M).
7.–19. Rd: 42 fM häkeln.
20. Rd: *4 fM, 1 M abn*, von * bis * noch 6x wdh (= 35 M).
21. Rd: 35 fM häkeln.
Stülpe die Arbeit nun über deine Kugel. Die Schnur zeigt dabei oben heraus. Häkle direkt an der Kugel weiter.
22. Rd: *3 fM, 1 M abn*, von * bis * noch 6x wdh (= 28 M).
23. Rd: *2 fM, 1 M abn*, von * bis * noch 6x wdh (= 21 M).
24. Rd: *1 fM, 1 M abn*, von * bis * noch 6x wdh (= 14 M).
25. Rd: 7x 1 M abn (= 7 M).
Die Schnur der Kugel sollte nun mittig durch die letzte Rd zeigen. Den Faden abschneiden, durch die vorderen M-Glieder der letzten Rd fädeln, festziehen und vernähen.

SCHNAUZE (in Creme und Mohair Weiß)
Häkle in Rd. Die Schnauze fortlaufend mit Füllwatte ausstopfen.
1. Rd: 6 fM in einen Fadenring häkeln (= 6 M).
2. Rd: 6x 1 M zun (= 12 M).
3. Rd: *1 fM, 1 M zun*, von * bis * noch 5x wdh (= 18 M).
4. Rd: 18 fM häkeln.
Abketten, den Faden lang abschneiden und die Schnauze über Rd 8–14 am Kopf festnähen.

GESICHT FERTIGSTELLEN
Den Kopf mit einem Fellkamm bürsten, um die Fasern des Mohairgarns etwas auszufransen. Die Augen 2 fM neben der Schnauze festkleben. Erst weiterarbeiten, wenn alles gut getrocknet ist. Die Nase mit schwarzem Filetgarn über Rd 3 der Schnauze in Form eines Dreiecks mit 4 fM Breite oben sticken. Stich dabei so oft ein, bis die Nase komplett ausgefüllt ist. Unter der Nase noch 3 Rd nach unten stechen, um die Schnauze fertigzustellen.
➞ Bild 1–2

Das Augenweiß mit weißem Filetgarn direkt neben den Augen anbringen. Die Augenbrauen mit schwarzem Filetgarn 2 Rd über den Augen über 1 Rd hoch und 2 fM breit sticken. Die Wangen mit Altrosa 1 Rd unter den Augen über 2 fM breit aufsticken, 2x einstechen.

OHREN (2x in Creme und Mohair Weiß)
1. Rd: 6 fM in einen Fadenring häkeln (= 6 M).
2. Rd: *1 fM, 1 M zun*, von * bis * noch 2x wdh (= 9 M).
Abketten, den Faden lang abschneiden und die Ohren über Rd 18–20 am Kopf festnähen.

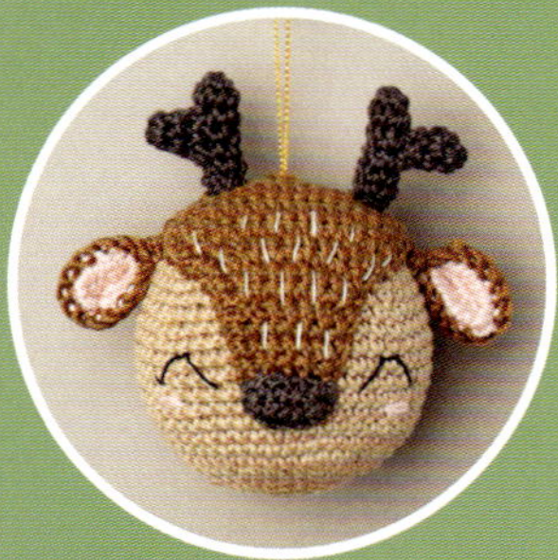

RENTIER-KUGEL

★★☆

Material

- Schachenmayr Catania (100 % Baumwolle, LL 125 m/50 g) in Sun-kissed (Fb 437), 28 g Marone (Fb 157), 20 g Altrosa (Fb 408), ein Rest Zartbitter (Fb 415), 10 g
- Filetgarn in Schwarz und Beige
- Häkelnadel Ø 2,5 mm
- Stopfnadel zum Vernähen
- Bastel-Weihnachtskugel aus Pappe Ø 6,5–7 cm
- Stecknadeln
- Füllwatte

Es wird in Spiral-Rd gehäkelt. Einzelteile werden später angenäht.

KOPF (in Sun-kissed)

Häkle in Rd. Den Kopf nicht mit Füllwatte ausstopfen.
1. Rd: 7 fM in einen Fadenring häkeln (= 7 M).
2. Rd: 7x 1 M zun (= 14 M).
3. Rd: *1 fM, 1 M zun*, von * bis * noch 6x wdh (= 21 M).
4. Rd: *2 fM, 1 M zun*, von * bis * noch 6x wdh (= 28 M).
5. Rd: *3 fM, 1 M zun*, von * bis * noch 6x wdh (= 35 M).
6. Rd: *4 fM, 1 M zun*, von * bis * noch 6x wdh (= 42 M).
7. Rd: *5 fM, 1 M zun*, von * bis * noch 6x wdh (= 49 M).
8.–17. Rd: 49 fM häkeln.
18. Rd: *5 fM, 1 M abn*, von * bis * noch 6x wdh (= 42 M).
19.–20. Rd: 42 fM häkeln.
21. Rd: *4 fM, 1 M abn*, von * bis * noch 6x wdh (= 35 M).
22.–23. Rd: 35 fM häkeln.
Stülpe die Arbeit nun über deine Kugel. Die Schnur zeigt dabei oben heraus. Häkle direkt an der Kugel weiter.
24. Rd: *3 fM, 1 M abn*, von * bis * noch 6x wdh (= 28 M).
25. Rd: 28 fM häkeln.
26. Rd: *2 fM, 1 M abn*, von * bis * noch 6x wdh (= 21 M).
27. Rd: *1 fM, 1 M abn*, von * bis * noch 6x wdh (= 14 M).
28. Rd: 7x 1 M abn (= 7 M).
Die Schnur der Kugel sollte nun mittig durch die letzte Rd zeigen. Den Faden abschneiden, durch die vorderen M-Glieder der letzten Rd fädeln, festziehen und vernähen.

NASENRÜCKEN (in Marone)

Häkle in R.
Schlage 17 Lm an, stich in die 2. Lm von der Nd aus ein und häkle wie folgt weiter:
1.–19. R: 16 fM, 1 Lm und wenden (= 16 M).
20. R: 1 M abn, 12 fM, 1 M abn, 1 Lm und wenden (= 14 M).
21. R: 1 M zun, 12 fM, 1 M zun, 1 Lm und wenden (= 16 M).
22.–32. R: 16 fM, 1 Lm und wenden.
33. R: 1 M abn, 12 fM, 1 M abn, 1 Lm und wenden (= 14 M).
34. R: 2x 1 M abn, 6 fM, 2x 1 M abn, 1 Lm und wenden (= 10 M).
35. R: 1 M abn, 6 fM 1 M abn, 1 Lm und wenden (= 8 M).
36.–37. R: 8 fM, 1 Lm und wenden.
38. R: 1 M abn, 4 fM, 1 M abn, 1 Lm und wenden (= 6 M).
39.–40. R: 6 fM, 1 Lm und wenden.
41. R: 1 M abn, 2 fM, 1 M abn, 1 Lm und wenden (= 4 M).
42. R: 4 fM, 1 Lm und wenden.
43. R: 2x 1 M abn (= 2 M).
Nicht abketten. Das Häkelstück wird nun noch einmal mit fM umhäkelt. Häkle dazu je 1 fM in jedes R-Ende der Seiten (= 43 fM pro Seite), 16 fM in die Lm-Kette vom Anfang und 2 fM in die Spitze. Abketten, den Faden lang abschneiden. Stecke das Häkelstück nun beginnend an Rd 3 des Kopfes fest. Die erste R des Nasenrückens sollte später unten, am Hinterkopf liegen. Die letzte R des Nasenrückens liegt an Rd 11 des Kopfs.
➞ **Bild 1–2**

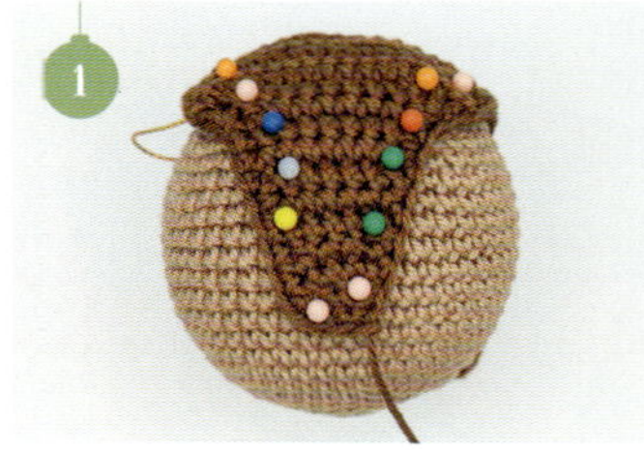
1

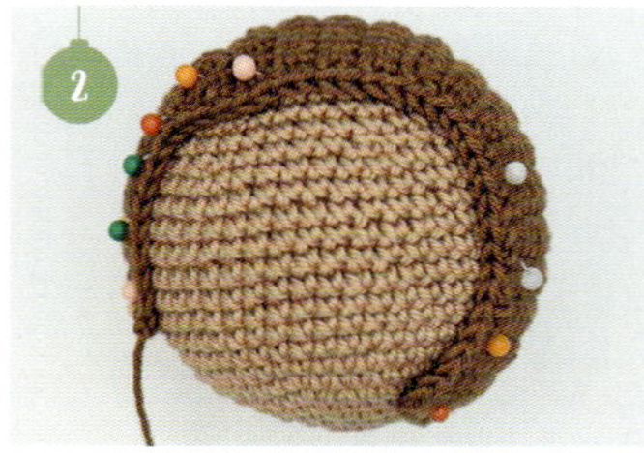
2

Den Anhänger der Kugel mit dem Haken der Häkelnadel, mittig zwischen R 26 und 27 des Nasenrückens nach außen ziehen. Den Nasenrücken anschließend am Kopf festnähen.

NASE (in Zartbitter)

Häkle in Rd.
Schlage 6 Lm an, stich in die 2. Lm von der Nd aus ein und häkle wie

folgt um die Lm-Kette herum:
1. Rd: 4 fM, 3 fM in eine M, weiter auf der anderen Seite der Lm-Kette, 3 fM, 1 M zun (= 12 M).
Abketten, den Faden lang abschneiden. Die Nase auf den letzten 3 R des Nasenrückens festnähen.

OHREN (2x in Marone und Altrosa)
Häkle in Rd. Beginne in Altrosa. Schlage 5 Lm an, stich in die 2. Lm von der Nd aus ein und häkle wie folgt um die Lm-Kette herum:
1. Rd: 3 fM, 3 fM in eine M, weiter auf der anderen Seite der Lm-Kette, 2 fM, 1 M zun (= 10 M).
2. Rd: *1 M zun, 3 fM, 1 M zun*, von * bis * noch 1x wdh (= 14 M).
Abketten, den Faden abschneiden und vernähen. Einen zweiten Teil in Marone identisch häkeln, den Faden jedoch nicht abschneiden. Beide Teile mit der Rückseite aufeinanderlegen, durch beide Seiten der letzten Rd stechen und diese mit 14 fM zusammenhäkeln. Das Ende des Ohrs falten und die gegenüberliegenden Kanten mit 1 fM zusammenhäkeln. Den Faden lang abschneiden. Die Ohren parallel zum Anhänger, am Rand des Nasenrückens, festnähen.

GESICHT FERTIGSTELLEN
Die Augen mit schwarzem Filetgarn auf Höhe der Nase mit 1 fM Abstand zu dieser feststicken. Die Breite der Augen beträgt 4 fM. Ziehe diese anschließend mit zwei Schlaufen 2 Rd nach oben, um ihnen ihre Form zu geben. Den Wimpernabschluss über 1 fM breit, direkt neben den Augen sticken. Eine bebilderte Anleitung zum Sticken der Augen findest du auf Seite 15. Die Wangen mit Altrosa, 1 Rd unter den Augen über 2 fM breit aufsticken, 3x einstechen. Die Details auf dem Nasenrücken mit beigem Filetgarn mithilfe des Rückstichs anbringen. Die einzelnen Stiche dabei mit je 2 fM hoch und 2 fM Abstand dazwischen aufsticken.

GEWEIH (2x in Zartbitter)
Häkle in Rd.
Teil 1 des Geweihs
1. Rd: 6 fM in einen Fadenring häkeln (= 6 M).
2. – 7. Rd: 6 fM häkeln.
Abketten, den Faden lang abschneiden und das Geweihstück fest mit Füllwatte ausstopfen. Weiter mit dem zweiten Teil.

Teil 2 des Geweihs
1. Rd: 6 fM in einen Fadenring häkeln (= 6 M).
2.–4. Rd: 6 fM häkeln.
Abketten, den Faden lang abschneiden und das Geweihstück fest mit Füllwatte ausstopfen. Den zweiten Teil an Rd 3–4 des ersten Teils festnähen. Ein zweites Geweih identisch häkeln. Die beiden Geweihe parallel über den Ohren, mit 3 M Abstand zu den Ohren, festnähen.

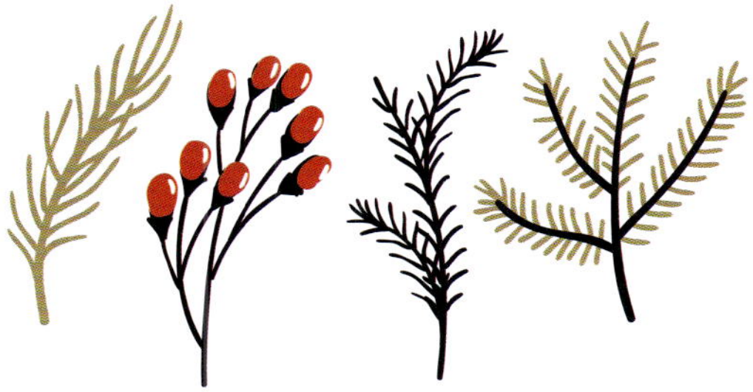

ÜBER DIE AUTORIN

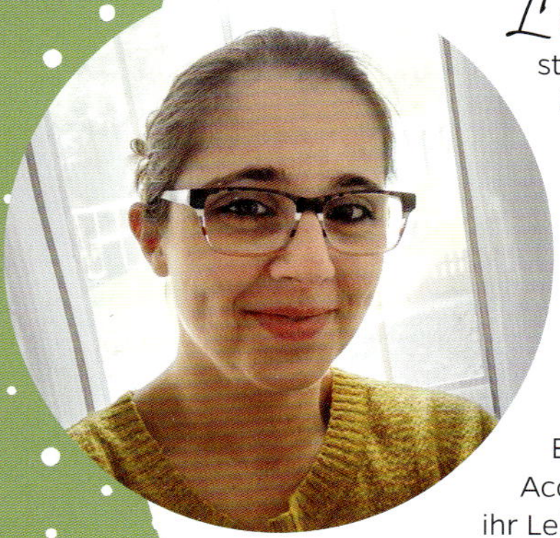

Linda Urbanneck

stammt aus einer Familie voller Kreativität, doch den Hang zur Häkelnadel entdeckte sie erst 2019, als sie zum ersten Mal ein Video zu einem Amigurumi sah. Nach und nach brachte sie sich das Häkeln selbst bei. Zunächst als Hobby, später sollte sich diese Leidenschaft mehr und mehr in die berufliche Richtung entwickeln. Im Jahr 2020 folgte die erste eigene Anleitung, kurze Zeit später noch einige mehr. Linda gründete ihr erstes eigenes Label unter dem Namen Haekellobby. Das Leben jenseits der Häkelnadel verbringt Linda im Saarland. Dort lebt sie gemeinsam mit ihrem Mann und ihren drei Söhnen. Einblicke in ihr Leben gibt Linda täglich in ihrem Instagram-Account @haekellobby, wo sie kreativen Menschen einen Blick in ihr Leben als Designerin und Autorin erlaubt.

DANKSAGUNG

Was soll ich sagen! Danke! Danke für eure Treue, die lieben Worte und die Bilder eurer Projekte, die ich in Social Media immer wieder entdecken darf. Danke, dass ihr euch für dieses Buch entschieden habt, und danke für die immer wiederkehrende Unterstützung. Ihr seid spitze! So ein Projekt wäre nur halb so schön, ohne so eine tolle Häkelcommunity!

Ein Riesendank geht hier ebenso hinaus an meine Schwester Sarah. Nachdem das Projekt auf dem Plan stand, warst du an erster Stelle dabei. Du hast mich unterstützt und sogar mitgehäkelt, als es darum ging, zwei schöne Variationen für die Projekte zu erarbeiten. Du hast die Anleitungen getestet und das Buch von Anfang an begleitet. Danke, dass du an dieser Stelle wieder einmal mit Rat und Tat an meiner Seite warst, Schwesterherz.
Ein ganz großes Dankeschön natürlich auch, wie immer, an meine restliche Familie. Nach so vielen Büchern seid ihr es ja fast schon gewohnt: die heiße Buchphase. Aber noch immer beweist ihr Geduld und nehmt es mit Humor, wenn ich wieder einmal Nächte damit verbringe, Farbkonzepte zu entwickeln oder genau abzuwägen, welche Projekte wir aufstellen werden.
Danke, dass ihr die Garnfusseln, Farbkarten, Projektstapel und alles andere noch immer genauso spannend findet wie ich.

Zu guter Letzt natürlich ein ganz besonderes Dankeschön an die Sponsoren dieses Buches. Danke an Schachenmayr für die wiederkehrende Unterstützung all der vielen Buchprojekte der letzten Monate. Ohne euch wäre all dies nicht möglich gewesen!

IMPRESSUM

Bibliografische Information der Deutschen Bibliothek.

Die Deutsche Bibliothek verzeichnet diese Publikation in der Deutschen Nationalbibliografie.
Detaillierte bibliografische Daten sind im Internet über http://www.dnb.de/ abrufbar.

EIN BUCH DER EDITION MICHAEL FISCHER

1. Auflage 2024

Cover, Layout & Satz: Anna Obermüller
Bilder: SHOT Stills, Katja Schubert, München
Redaktion und Lektorat: Anja Brinkmann
Illustrationen: @ Kite-Kit/Shutterstock, @ WindLaugh/Shutterstock, @ Amovitania/Shutterstock

ISBN 978-3-7459-2391-9

Gedruckt bei Polygraf Print, Čapajevova 44, 08001 Prešov, Slowakei

www.emf-verlag.de